INSIGHTS
PARA UM MERCADO EM
TRANSIÇÃO

UMA SELEÇÃO DAS MELHORES IDEIAS E CONSELHOS
DE UM DOS PRINCIPAIS INFLUENCIADORES
DO MUNDO DOS NEGÓCIOS

CB020137

WALTER LONGO

INSIGHTS PARA UM MERCADO EM TRANSIÇÃO

UMA SELEÇÃO DAS MELHORES IDEIAS E CONSELHOS DE UM DOS PRINCIPAIS INFLUENCIADORES DO MUNDO DOS NEGÓCIOS

ALTA BOOKS
E D I T O R A

Rio de Janeiro, 2019

Insights para um Mercado em Transição
Copyright © 2019 da Starlin Alta Editora e Consultoria Eireli. ISBN: 978-85-508-1082-9

Todos os direitos estão reservados e protegidos por Lei. Nenhuma parte deste livro, sem autorização prévia por escrito da editora, poderá ser reproduzida ou transmitida. A violação dos Direitos Autorais é crime estabelecido na Lei nº 9.610/98 e com punição de acordo com o artigo 184 do Código Penal.

A editora não se responsabiliza pelo conteúdo da obra, formulada exclusivamente pelo(s) autor(es).

Marcas Registradas: Todos os termos mencionados e reconhecidos como Marca Registrada e/ou Comercial são de responsabilidade de seus proprietários. A editora informa não estar associada a nenhum produto e/ou fornecedor apresentado no livro.

Impresso no Brasil — 1ª Edição, 2019 — Edição revisada conforme o Acordo Ortográfico da Língua Portuguesa de 2009.

Publique seu livro com a Alta Books. Para mais informações envie um e-mail para autoria@altabooks.com.br

Obra disponível para venda corporativa e/ou personalizada. Para mais informações, fale com projetos@altabooks.com.br

Produção Editorial Editora Alta Books **Gerência Editorial** Anderson Vieira	**Produtor Editorial** Juliana de Oliveira Thiê Alves **Assistente Editorial** Illysabelle Trajano	**Marketing Editorial** marketing@altabooks.com.br **Editor de Aquisição** José Rugeri j.rugeri@altabooks.com.br	**Vendas Atacado e Varejo** Daniele Fonseca Viviane Paiva comercial@altabooks.com.br	**Ouvidoria** ouvidoria@altabooks.com.br
Equipe Editorial	Adriano Barros Bianca Teodoro Carolinne Oliveira Ian Verçosa	Keyciane Botelho Larissa Lima Laryssa Gomes Leandro Lacerda	Livia Carvalho Maria de Lourdes Borges Paulo Gomes Raquel Porto	Thales Silva Thauan Gomes
Copidesque Jana Araujo	**Revisão Gramatical** Thamiris Leiroza Hellen Suzuki	**Diagramação** Joyce Matos	**Capa e Projeto Gráfico** Paulo Gomes	**Ilustrações** Paulo Gomes Thauan Gomes

Erratas e arquivos de apoio: No site da editora relatamos, com a devida correção, qualquer erro encontrado em nossos livros, bem como disponibilizamos arquivos de apoio se aplicáveis à obra em questão.
Acesse o site www.altabooks.com.br e procure pelo título do livro desejado para ter acesso às erratas, aos arquivos de apoio e/ou a outros conteúdos aplicáveis à obra.

Suporte Técnico: A obra é comercializada na forma em que está, sem direito a suporte técnico ou orientação pessoal/exclusiva ao leitor.
A editora não se responsabiliza pela manutenção, atualização e idioma dos sites referidos pelos autores nesta obra.

Dados Internacionais de Catalogação na Publicação (CIP) de acordo com ISBD

L856i   Longo, Walter
        Insights Para Um Mercado em Transição: uma seleção das melhores ideias e conselhos de um dos principais influenciadores do mundo dos negócios / Walter Longo ; ilustrado por Paulo Gomes, Thauan Gomes. - Rio de Janeiro : Alta Books, 2019.
        352 p. : il. ; 16cm x 23cm.

        ISBN: 978-85-508-1082-9

        1. Administração. 2. Negócios. 3. Mercado. I. Gomes, Paulo. II. Gomes, Thauan. III. Título.

2019-1173   CDD 658.4012
        CDU 65.011.4

Elaborado por Vagner Rodolfo da Silva - CRB-8/9410

Rua Viúva Cláudio, 291 — Bairro Industrial do Jacaré
CEP: 20.970-031 — Rio de Janeiro (RJ)
Tels.: (21) 3278-8069 / 3278-8419
www.altabooks.com.br — altabooks@altabooks.com.br
www.facebook.com/altabooks — www.instagram.com/altabooks

SOBRE O AUTOR

Com mais de 600 mil seguidores no LinkedIn, Walter Longo é hoje um dos maiores influenciadores dessa rede social de negócios. Além disso, é publicitário premiado e administrador de empresas com MBA na Universidade da Califórnia, empreendedor digital, palestrante internacional e sócio-diretor da Unimark Comunicação.

Longo foi eleito quatro vezes o Melhor Profissional do Ano do Prêmio Caboré. Foi também premiado com o título de Personalidade do Marketing Direto pela ABEMD. Em 2015, passou a fazer parte do Hall of Fame do Marketing no Brasil. Em 2017, recebeu o Prêmio Lide de Marketing Empresarial.

Além de palestrante reconhecido internacionalmente e publicitário premiado, Walter Longo é sócio de múltiplas empresas digitais, articulista de múltiplas publicações e autor, entre outros, dos livros *O Marketing e o Nexo* (Ed. BestSeller) e *Marketing e Comunicação na Era Pós-Digital* (Ed. Alta Books).

Atualmente, é também membro de vários conselhos de empresas como SulAmérica, Portobello, Cacau Show e MGB, além de fazer parte do Comitê Digital e mentoria do Programa de Investimentos de Startups do Hospital Albert Einstein.

AGRADECIMENTOS

Nesta obra, meu agradecimento vai para os mais de 600 mil seguidores no LinkedIn que cotidianamente me incentivam a continuar estudando e dividindo descobertas, buscando insights que se transformem em ideias e exemplos práticos que representem conceitos profundos.

Ser um *influencer* nas redes sociais, principalmente naquelas voltadas para o universo corporativo, gera obrigações naqueles que o são: revisar o cotidiano e quebrar paradigmas, descobrir semelhanças no que é distinto e distinções no que parece semelhante, estar atento ao vento das mudanças, sempre separando o relevante do irrelevante. Em resumo, pensar diferente para fazer diferença.

Por isso, o meu muito obrigado a cada um de vocês que me incentiva a fazer isso todos os dias!

SUMÁRIO

INTRODUÇÃO ... 1

PARTE 1

INSIGHTS UNIVERSO **PROFISSIONAL** ... 3

China, uma Surpresa que Já Era Esperada ... 5
O Conceito do "Suficientemente Bom" ... 11
Exteligência e a Busca de Informação ... 19
Homens São Analógicos, Mulheres São Digitais ... 27
Você É o que Você Crê ... 53
Novas Gerações Parecem Querer
Consumir Nada e Aproveitar Tudo ... 57
Síndrome de Kissinger ... 63
Os 7 Erros do Jogo da Sustentabilidade ... 67
Trump Venceu, e o Trumpismo Merece Mais Atenção ... 87
De Cabral a Cabral ... 91
As Perspectivas de Nosso Futuro Estão em
Nossas Mãos, e Não nas do Governo ... 95
A Diferença Entre Prometer e Se Comprometer ... 101
Brasil, uma Distopia Democrática ... 105
Sustentabilidade é um Bom Negócio ... 109
Viajar: Você Ainda Vai Querer Evitar… ... 113
Razões de Ir e Vir ... 125
O Negócio É Transgredir ... 131
Me Engana que Eu Gosto ... 135
O Preço da Atenção ... 141
A Razão do Ser ... 145

PARTE 2

INSIGHTS UNIVERSO **CORPORATIVO**   149

A Semelhança Preocupante entre Pessoas e Empresas   151
A Importância das FCE — Forças Contrárias Equivalentes   155
Mudando a Gestão da Mudança   159
Você É um Realizador ou um Relacionador?
Entenda a Diferença e os Efeitos Dentro de uma Empresa   163
Marketing do Medo   169
Silêncio, Estamos em Reunião   173
Há uma Curva em Nosso Caminho   177
Momentos Turbulentos Exigem a Experiência dos
Líderes dentro das Empresas   181
A Publicidade Incentiva Negócios. Então, Por Que
não Incentivar a Publicidade?   185
Mas, Afinal, o que Aconteceu?   189
O Segredo É a Alma do Negócio?   193
O Nexialismo e o Marketing   213
Quanto Vale uma Ideia? Definindo a Real
Importância da Inovação   219
Construindo Pontes com o Consumidor   225
A Solução É Criar Problemas   231
Se Espirrar, Saúde!   237
O Clone É a Alma do Negócio   241
O Futuro do Varejo e o Varejo do Futuro   245
Tendências do Varejo Físico e Digital   249
Uma Revolução a Caminho   255

PARTE 3

INSIGHTS UNIVERSO **DIGITAL**   267

   O Melhor Está por Vir   269
   O Fim da Idade Média e o Início da Idade Mídia   273
   O Lado Negro da Força   279
   Bem-vindos ao Mundo Pós-digital   283
   A Tecnologia e a Abertura para o Novo   287
   O Mal da Banalidade   291
   Fim de Feira?   295
   Emergente – O Digital e a Revolução 3D   301
   Bom dia, tecnologia!   305
   O Fim dos Limites   309
   A Escola Não É Mais Aquela...   315
   Destruição Criativa   319
   Revolução Emergente   323
   Veloz e Furiosa   333

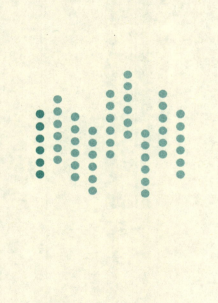

INTRODUÇÃO

Dizem que nos últimos três anos o mundo mudou mais que em todo o século anterior. Fica difícil afirmar se isso é uma verdade científica e mensurável ou apenas uma argumentação hiperbólica utilizada para alertar o mundo dos negócios sobre a importância da adaptabilidade. Uma coisa é indiscutível: a aceleração das alterações no cenário competitivo e no mercado global nunca foi tão intensa e exponencial.

E isso gera para todos nós desafios que podem ser divididos em três partes. A primeira delas é identificável em nossa vida pessoal e carreira profissional: como podemos nos preparar para o que vem por aí, de que maneira aceitar a mudança como uma realidade permanente, e, principalmente, o que podemos e devemos fazer para não ficarmos obsoletos.

A segunda parte é o desafio das empresas e corporações: entender que o cenário competitivo mudou, que premissas básicas já não são as mesmas e que isso requer uma revisão completa de como atuar no mercado e se relacionar com os colaboradores.

E a terceira é como enfrentar, aceitar e aproveitar tudo que o universo digital nos proporciona, transformando cada um de nós em super-homens ou seres descartáveis no processo de evolução.

Durante esse triênio, tudo que surgia na minha cabeça em termos de ideias, insights, conclusões e simples constatações, eu escrevia e postava no LinkedIn. O objetivo não era registrar os fatos, mas me ajudar a entendê-los e, principalmente, conscientizar-me da necessidade de adaptação a tudo que surgia e cercava a mim, amigos, colegas e seguidores.

Por isso, essa coletânea de artigos, pensamentos e insights foi dividida exatamente assim. São três partes que se complementam e que, juntas, nos dão a dimensão de toda essa revolução que estamos testemunhando e gerando, assistindo e participando. O mundo realmente já não é mais o mesmo. E, como veremos adiante, isso é muito bom!

PARTE 1

INSIGHTS
UNIVERSO
PROFISSIONAL

CHINA, UMA SURPRESA QUE JÁ ERA ESPERADA

Viajar para a China pode parecer, para alguns, uma decisão exótica ou desafiadora. Para outros, uma visita obrigatória aos que se dedicam a analisar inovação e avanço tecnológico.

A verdade é que as mais de 30 horas de viagem e esperas em aeroportos já nos dão uma noção clara da distância que nos separa dessa nação, que foi grande no passado e está voltando à sua era de glória, apesar de um período recente de penúria, fome e comiseração.

Pois foi exatamente essa crise social imensa, que matou de fome milhões de chineses, que permitiu o salto atual em bases mais sólidas e permanentes. Por mais que a democracia falte, sobram lembranças do que poderia ser se não tivesse sido, e isso acalma e conforta os corações e mentes mais conscientes e ansiosos por liberdade. Pelo menos, temporariamente.

Há nessa sociedade uma noção óbvia de trade-off entre controle e comida, suspeição e acesso, valorização do indivíduo versus direito da maioria. Em resumo, há uma consciência da perda de um certo grau de liberdade para uma garantia mínima de segurança alimentar e educação básica. E não adianta julgarmos essa visão com nossa régua ocidental.

Na China, a pirâmide de Maslow ainda precisa ser escalada para adivinharmos os próximos capítulos. Até lá, millennials ainda serão loucos por roupas de grife, o chefe será o ser supremo nas organizações e a obsessão pelo estudo não será uma qualidade do indivíduo, mas uma obrigação familiar com envolvimento direto de parentes próximos e distantes.

É uma sociedade caótica, com problemas graves de trânsito e poluição, mas que opera debaixo de uma ordem extrema. Um país que optou por pensar em longo prazo pois sofreu na pele a falta de visão do futuro. Um povo que deu um salto quântico em direção à inovação por entender que esse era o único caminho para organizar minimamente uma população de 1,4 bilhão de habitantes.

O que choca todos que chegam em Xangai, por exemplo, é a excelente qualidade da infraestrutura em todos os segmentos. Estão construindo um país para durar muito e com uma crença inabalável no poder hegemônico eminente. A qualidade está em todos os materiais aplicados, na ousadia de suas obras monumentais e, principalmente, na velocidade de implementação do que é decidido.

Como somos democratas, lastimamos muito as decisões centralizadas e a mão forte de governos autoritários. Mas não podemos deixar de avaliar as vantagens competitivas que isso gera num mundo globalizado e de forças hegemônicas contrastantes.

No Brasil, a Lei da Informática que vigorou no início da década de 1980 tinha como objetivo proteger a indústria nacional da concorrência estrangeira. Mas isso resultou em um atraso irremediável na nossa introdução ao universo digital.

Na China, a proteção é parecida, mas longe de causar atrasos. Ela criou verdadeiras gigantes desse novo mundo, como a Tencent, Alibaba, Didi e Baidu, que hoje rivalizam com as líderes do Vale do Silício.

Na minha visão liberal, continuo com restrições imensas aos privilégios protecionistas, mas não posso deixar de me impressionar com o desenvolvimento que essa proteção está deixando como legado na economia chinesa, apesar de ter minhas dúvidas quanto ao real poder competitivo dessas empresas no mundo corporativo global.

Na China, fica evidente a dicotomia entre um país comunista com uma economia capitalista; uma ode ao empreendedorismo selvagem em frente a uma centralização de poder na mão do Estado; um controle rígido da informação, apesar de uma escolha definitiva pelo mecanismo de crescimento via iniciativa privada.

Resta saber quão privada de verdade é essa iniciativa e entender os vasos comunicantes do poder da informação. Mas isso não tira o brilho de uma sociedade que está se reinventando e se preparando para fazer parte da big league em termos globais, e não apenas regionais.

Talvez a resposta mais óbvia para essa evolução tão rápida e surpreendente da China esteja em uma noção clara de que, se por um lado falta liberdade de expressão, por outro sobra liberdade de ação. Em países ocidentais, primeiro regulamos e depois permitimos a evolução de determinado setor. Na China, é o contrário. Primeiro permite-se tudo, liberdade total e irrestrita. E depois que se caminhou um longo terreno, então, chega-se à regulamentação de um mercado já expandido, disputado e maduro.

É claro que, a essa altura, alguém se sentirá prejudicado, mas aí entra a mão forte do governo que determina como as coisas devem funcionar dali para a frente. O *jus sperniandi* simplesmente não traz consequências.

Essa inversão sutil, mas importante, de avançar antes e regular depois, ao invés de regular antes de deixar avançar, pode estar por trás dessa enorme capacidade de expansão e velocidade de realização da economia chinesa.

Não é à toa que a Tencent possui mais de 300 empresas distintas em seu portfólio e o Alibaba, mais de 150 em praticamente todos os segmentos de atividade. Essa construção de ecossistemas totais ou empresas tentaculares ou centopeicas só pode florir em ambientes nos quais a concentração do poder econômico ainda não é assunto que tire o sono de ninguém.

Apenas como exemplo dessa pulsão empreendedora que toma conta do país, basta citar que há 200 fabricantes distintos de carros elétricos na China, e o volume de vendas já chega a 30% do mercado total. E ela já lidera a produção mundial de painéis solares, equipamentos de reconhecimento facial, sistemas de pagamento mobile e outras centenas de produtos e serviços emergentes.

Apesar de todo esse viés inovador, é contrastante a visão tradicional de gestão que encontramos nas corporações. São estruturas hierárquicas rígidas, no modelo 9–9–6 (trabalhar das 9 da manhã às 9 da noite, 6 dias por semana), supremacia indiscutível do chefe, que atua mais como tutor que como mentor, e demais características que já estão no seu ocaso em países da América e da Europa.

Enquanto isso, na educação, crianças chinesas se dedicam de 12 a 15 horas por dia ao conhecimento. A presença delas nas ruas é pequena, podendo ser vistas apenas nos horários de ida e vinda da escola. No restante do tempo, estão estudando, inclusive nos fins de semana. Se isso é bom ou ruim para essa geração, se serão mais ou menos felizes, é difícil julgar. Mas, por outro lado, fica também difícil competir. Essa obsessão dedicada ao estudo trará, em médio prazo, enormes desafios de capacidade competitiva para as sociedades ocidentais. E esse parece ser um traço forte e definitivo da cultura chinesa.

Nas relações familiares, o patriarcado e o respeito aos mais velhos continua predominante. Cabe ao filho, independentemente de ter 18 ou 70 anos, respeitar e obedecer ao pai, e esse traço de cultura parece resistir a todo esse ambiente inovador e disruptivo. Pelo menos por enquanto.

Aliás, é essa dissonância cognitiva entre tecnologia e comportamento social, essas relações negociais e familiares, essa liberdade de empreender e essas restrições de opinião que fazem a China ser um país tão fascinante quanto preocupante.

Fascinante como um observador que busca analisar as questões socioeconômicas e preocupante como habitante que sou de um país no qual os índices de produtividade são uma sexta parte dos chineses e que ainda discute a reforma da previdência com paixão, e não com a razão.

O tempo que já perdemos não volta mais. Mas o pior é ver que, em uma sociedade cada vez mais globalizada, ainda convivemos com conceitos do passado e sem visão do futuro. E, por isso, viagens como essa são tão importantes.

O CONCEITO DO "SUFICIENTEMENTE BOM"

> O mundo foi feito em sete dias de maneira suficientemente boa. Se tentasse ser ótimo, Deus estaria fazendo o mundo até hoje.

Digamos que você esteja editando o vídeo de um show e à procura, nas centenas de fitas gravadas, dos melhores lances do público, das caras de emoção, dos sorrisos de aprovação, dos momentos mágicos em que o artista mais tocou a plateia. E, após um tempo, você tenha encontrado e colocado na edição muitas cenas interessantes, algumas até memoráveis, mas a quantidade de fitas não assistidas ainda seja grande. Pergunta: o que já está editado é suficientemente bom?

Enquanto isso, um motor de carro de corrida está sendo regulado para entrar nas pistas no dia seguinte. A performance está acima do que sempre esteve, mas claro que pode melhorar com mais algumas horas de ajuste. Do jeito que está dá para vencer, mas, ao mesmo tempo, jamais vamos saber de antemão qual será a performance dos adversários. Pergunta: será que o acerto do veículo já está suficientemente bom?

Por outro lado, o vestibular será em três dias. E alguém passou o ano estudando, mas tem consciência de que não sabe tudo. Pode tentar aguentar o sono e o cansaço, e dar um *sprint* final nos livros e apostilas, ou declarar-se suficientemente bom como candidato e ir namorar.

Um músico está afinando as cordas do violino. Está em dúvida entre passar um pouco mais de tempo buscando a perfeição sonora ou concluir que já está suficientemente bom para se apresentar ao lado de outros 30 instrumentos de corda.

Podemos resumir todos esses exemplos acima tomando o último como referência: qual é o momento em que a corda não está frouxa de soar mal aos ouvidos nem esticada a ponto de arrebentar?

A grande pergunta sempre é: entre tudo que já fizemos e tudo que ainda poderíamos fazer, qual o momento mágico do "suficientemente bom", também chamado de *good enough*? Qual o critério que deve ser utilizado para esse julgamento? Tempo despendido? Dinheiro investido? Esforço gasto? Ou as vantagens de sair na frente, ter o privilégio da anterioridade, precisar de uma taxa menor de retorno ou ainda poder se dedicar imediatamente a outro projeto?

Essa constatação surgiu quando eu escrevia um livro. Qual o momento de lançá-lo? Quando decidir que ele estava pronto? Dava para melhorar? Sim, e muito! Mas poderia continuar pesquisando e escrevendo sobre o tema a vida inteira. Enquanto isso, a ideia central da obra sofreria erosão, a política de lançamento da editora poderia sofrer alterações de interesse e a tese poderia ser antecipada por outro autor.

E então veio a pergunta: "O conteúdo deste livro já está suficientemente bom?"

Claro que sim. "Mas já estava bom na semana passada, antes das últimas inserções?" Provavelmente, sim. "E poderia estar melhor na semana seguinte?" A resposta era sim, também.

Mas, afinal, a busca da perfeição faz sentido?

Leon Tolstói dizia que devíamos tentar buscar as estrelas mesmo sabendo que jamais as alcançaríamos. Em literatura isso pode ser verdade, mas, em administração, nem sempre. Ou quase nunca. Pelo menos, não no mundo pós-digital.

Se partirmos do princípio de que sempre podemos melhorar, a questão torna-se *quando parar de buscar o ótimo e passar a aceitar o suficientemente bom*. E, em um mundo no qual tudo muda cada vez mais rápido, talvez nossos critérios tenham mesmo que ser revisados.

Nossa sensação do bom em relação ao tempo é linear, mas a evolução do mundo tem sido exponencial. Com isso, o conceito do suficientemente bom tem de mudar.

Muitos relojoeiros suíços desapareceram por não entenderem que os critérios do que é suficientemente bom se alteraram na relação do consumidor com o relógio.

Já a indústria da informática e empresas como a Apple lançam mais versões de produtos ou novidades do que a nossa capacidade pode acompanhar.

A razão disso é que o mundo digital nos trouxe uma nova forma de raciocinar, e não apenas uma maneira inédita de nos comunicarmos. E essa nova ótica influencia tudo, até a produção de bens físicos.

Na era analógica, para lançar uma revista, procurávamos ultrapassar o limite do suficientemente bom. Eram centenas de layouts, dezenas de pesquisas, provas e provas antes do número zero da publicação. A razão disso: era difícil e caro mexer depois. Hoje, ao fazer um site, posso lançá-lo em beta e ir aperfeiçoando-o com o passar do tempo — arrumando o avião em pleno voo.

Quando o primeiro iPhone foi lançado, ele tinha muitos recursos a serem melhorados. Os responsáveis por seu desenvolvimento sabiam que ele não realizava multitarefa, o som era baixo demais, a bateria durava pouco, os pixels das fotos não eram o ideal, a tela parecia pequena, mas a pergunta que fizeram a si mesmos foi: "Está suficientemente bom para mudar a história dos celulares?" A resposta foi "sim", e então ele foi lançado no mercado. Depois, por upgrade, foi melhorado e aperfeiçoado nas edições seguintes.

O teclado horizontal e a câmera com mais megapixels, por exemplo, foram itens introduzidos só na terceira versão, quando o iPhone já havia feito história na telefonia celular. Naquele momento, a hipótese de perder mais tempo tentando implementar e melhorar esses itens, ou encarecer o produto na busca do ótimo, poderia ter custado a Jobs e sua equipe perderem a primazia de fazer história no mundo da mobilidade.

O universo digital trouxe uma quebra de paradigmas fundamental quando criou pela primeira vez a separação de dois mundos: o software e o hardware. Mais que um modelo de negócio, essa separação gerou um modelo de pensamento e uma visão de mundo. Antes dele, os produtos que nos rodeavam nasciam e morriam exercendo exatamente as mesmas funções que lhes foram atribuídas na sua origem.

Uma geladeira e uma televisão, por exemplo, têm as suas funções inalteradas durante toda sua vida útil. E o mesmo se aplica ao automóvel, ao espremedor de laranja e ao aspirador de pó. Ao adquirir qualquer um desses objetos, já sabemos de antemão o que se esperar deles durante toda a sua existência.

Quando se separaram os conceitos de hardware e software, esse destino imutável das máquinas e dos objetos se alterou para sempre. A cada novo aplicativo baixado, um celular ou smartphone pode, além de telefonar e transmitir mensagens, tocar flauta, retocar fotos e descobrir que música está tocando no ambiente. Esses novos recursos se somam às suas habilidades iniciais, como se ele fosse aprendendo novos truques durante toda a sua vida.

Essa visão de que o imutável pode ser alterado e ampliado foi, sem dúvida, a maior transformação da relação homem/máquina, e modificou completamente os modelos de negócio para sempre.

O ÓTIMO É INIMIGO DO BOM?

Nikola Tesla foi um dos grandes gênios da humanidade, mas ficou na obscuridade por quase um século ao não entender o conceito do suficientemente bom. Com isso, Guglielmo Marconi levou a fama de inventor do rádio, Thomas Edison teve seu nome marcado na descoberta da eletricidade e muitos outros inventores se apoderaram das ideias de Tesla, que esperava aperfeiçoá-las à exaustão antes de dá-las por terminadas.

Empresas de sucesso são aquelas que têm a compreensão correta do suficientemente bom.

Algumas saem na frente e fracassam por oferecer algo ainda não suficientemente bom. Outras esperam demais em busca do suficientemente bom e perdem o mercado e a oportunidade.

Desde que nascemos, somos impelidos ao ótimo e à perfeição. Na escola, o que importa é a nota máxima. No esporte, o objetivo é o recorde, a medalha. Temos que melhorar sempre, por isso o suficientemente bom é anti-intuitivo, é negar tudo que aprendemos a ser.

Um mesmo remédio pode curar ou matar, dependendo da dose. O critério do suficientemente bom, também.

Gestão nada mais é que a capacidade de discernir o que é suficientemente bom ou não. Se for além, perde a oportunidade. Se ficar aquém, o fracasso é certo.

Existem cinco fatores principais que norteiam o conceito do suficientemente bom:

1. custo de oportunidade;
2. prazo de validade;
3. ambiente concorrencial;
4. impacto tecnológico;
5. *momentum* organizacional.

Ray Croc, fundador do McDonald's, sempre teve a noção exata do suficientemente bom. Seu hambúrguer não era ótimo, mas suficientemente bom para dar início a um império. Já o finado Projeto Iridium, da Motorola, ficou aquém do suficientemente bom, corroído pelo tempo e pela evolução da tecnologia.

O Titanic partiu do porto de Southampton rumo a Nova York para sua viagem inaugural. A bordo, havia 2.500 pessoas dentre as mais ricas e importantes do circuito Elizabeth Arden. Considerado o maior navio do mundo e o mais luxuoso da época, demorou dez anos para ser construído e havia em seus construtores uma obsessão pela perfeição. Um iceberg, no entanto, acabou com o mito e com a vida de milhares de pessoas. A razão por trás desse trágico acidente foi a falta de balancear o conceito de suficientemente bom entre os vários aspectos que compunham seu projeto. Pesaram demais a mão nos itens de luxo e conforto, mas ficaram aquém do suficientemente bom no quesito segurança. E foi fatal.

O mundo foi feito em sete dias de maneira suficientemente boa. Se tentasse ser ótimo, Deus estaria fazendo o mundo até hoje.

E, por falar em origem do mundo, os espermatozoides que saem antes em busca do óvulo morrem no caminho — até que o pH do ambiente se altere. Quem alcança o óvulo e o fecunda não é o mais rápido, nem o mais lento. É a luta pela vida do suficientemente bom.

A seleção natural que afeta toda a evolução das espécies é absolutamente baseada no conceito do good enough. Um animal não precisa correr o dobro da velocidade de seu predador. Para continuar vivendo, basta correr alguns metros a mais por minuto. Se fosse mais rápido que o necessário, gastaria mais energia e precisaria de mais alimento. Por isso, toda a evolução sempre procura compor seu quadro de sobrevivência baseada nas menores diferenças possíveis, que são suficientemente grandes para garantir a perpetuação da espécie.

Quando se observa uma floresta, vemos que há uma certa homogeneidade na altura das árvores. A razão disso é que elas crescem o suficiente para que suas copas alcancem o sol e possam realizar a fotossíntese. É o conceito do good enough novamente apresentado na natureza.

Em um mundo que se move cada vez mais rápido e de maneira exponencial, todos nós temos que nos adaptar ao conceito do suficientemente bom para garantirmos a agilidade necessária em nossa gestão. Nossa tendência ainda é achar que alcançamos a perfeição quando não conseguimos acrescentar algo mais a nosso produto ou serviço. Hoje, ocorre de maneira contrária: a perfeição só é alcançada quando não conseguimos retirar algo dele. Esse é o conceito do suficientemente bom, ou good enough.

A busca pela perfeição na visão tradicional pode estar nos impedindo de sermos bons o bastante. E, no novo ecossistema digital, isso nunca foi tão verdade!

EXTELIGÊNCIA E A BUSCA DE INFORMAÇÃO

Até pouco tempo atrás, o conhecimento era privilégio de poucos. Hoje, é de todo mundo, mas poucos se dão conta disso. Portanto, saber garimpar informação se transforma em uma enorme vantagem competitiva no mundo dos negócios.

A primeira característica importante é a curiosidade. Buscar informação é como buscar comida: acha primeiro quem tem mais fome. *Searching* não é uma atividade, é uma atitude. Devemos querer saber tudo sobre tudo. Se estou assistindo a uma novela, quero saber o histórico da carreira daquele artista, buscar a inspiração ou arquétipo mitológico que inspirou o autor, investigar por que a moral da sociedade mudou e hoje os bandidos se dão bem no final etc.

SEARCHING

> Q *Searching* não é uma atividade, é uma atitude.

A segunda característica é uma visão gestáltica e nexialista: devemos buscar informações gerais, e não apenas focadas. Quanto mais abrangente for essa busca, mais vamos tropeçar em insights. Devemos ter cabeça de hiperlink, pois a busca tem sempre um jeito de começar, mas não de acabar. Uma coisa leva à outra.

A terceira é tirar conclusões em cada passo da busca: tudo deve levar a algum sentido ou nexo. "Ah, então é por isso..." O verdadeiro achado está nas entrelinhas, e não nas linhas.

A coisa mais importante do processo de busca é o pit stop para reflexão e conclusão, que deve ser anotado e complementado posteriormente.

A quarta característica: informação é poder. Dominar o assunto do interlocutor é estar preparado para a disputa; é se tornar interessante, servir de referência. Quem sabe sobe na hierarquia argumentativa, condição indispensável do processo de persuasão.

E, por fim, quinta característica: a busca deve ser um processo de *cross-fertilization*. Lavoisier já deixou claro que na vida "nada se cria e nada se perde, tudo se transforma". Ideias que são geradas sobre determinado assunto servem para resolver outro completamente distinto. Informações que são garimpadas sobre um tema — aviação, por exemplo — acabam gerando insights para as telecomunicações por meio do universo comum da conexão. Isso deve ser aproveitado assim que surge, e há a necessidade de uma disciplina de anotação para posterior utilização.

Ideias são mais fruto de sexo casual que de monogamia. Temos que buscá-las onde menos se esperam. Mas, quando nascem, devem ser registradas para que possam evoluir posteriormente. E devemos revisá-las sempre, porque elas evoluem mesmo paradas.

Muitas vezes, uma ideia toma formas diferentes, pois não é o que ela inspira, e sim as sinapses que gera. E essas sinapses dependem do tempo e do espaço, e de todas as outras experiências que temos no período.

Conclusão: o objetivo do processo de busca não deve ser o saber, e sim as ideias. Não é conhecimento, é inspiração. Ideias se assemelham mais ao gato que ao cachorro — vêm quando querem, e não quando são chamadas. A busca estimula a criação de novas ideias, a epifania de soluções inovadoras. Por isso que brainstorming não funciona. É como se fosse um vestiário de clube e ter de ficar nu na frente dos colegas. Ninguém ouve nada, pois, enquanto um está expondo as próprias ideias, os outros estão concentrados tentando ter as suas.

Temos cada vez menos tempo e perdemos cada vez mais tempo. Isso nos força a transformar tempo perdido em tempo útil. Devemos converter busca em diversão. Nexo é o prêmio da mente; ele alivia a tensão e gera sensação de conforto. Quando descobrimos o porquê das coisas, a vida passa a fazer mais sentido, gera epifania, como aquelas figuras em 3D dos livros de ilustração, que exigem o foco do olho.

Outro dia, lendo sobre anosognosia, síndrome que leva à falta de consciência de alguém sobre deficits e limitações sensoriais, motoras e alterações cognitivas, geralmente como consequência direta de alguma lesão cerebral adquirida (acidente vascular cerebral, trauma craniencefálico, infecções cerebrais) ou doenças neurodegenerativas (demência), entendi o fenômeno que ocorre hoje com as agências de publicidade, que não estão percebendo a necessidade de mudanças. Ou seja, uma análise patológica que inspirou uma avaliação mercadológica.

> Não existem muros separando ideias; existem ideias criando muros. Tudo se relaciona com tudo, em um verdadeiro emaranhado de sinapses variadas.

Antes, realizar essas sinapses e ilações exigiria um enorme esforço de busca de arquivos nas bibliotecas e no Departamento de Documentação da Abril. Hoje, está disponível para todos ao toque de um botão.

Animais carnívoros têm os olhos na frente e os herbívoros, dos lados, o que identifica a necessidade de correr atrás da caça ou correr do caçador. Se isso não era verdade nos tempos ancestrais, a seleção natural acabou por confirmar a tese.

• • • •

Existem três fases na geração de ideias e insights.

✗ FASE 1
É a imersão, uma fase caótica e variada que busca tudo que pode gerar sinapses sobre aquele assunto.

✗ FASE 2
É a incubação, quando todas aquelas informações começam a se cruzar e se combinar de maneira desordenada.

✗ FASE 3
É a chamada fase de iluminação, quando todo aquele trabalho neural começa a render frutos por meio de insights que se unem em torno de uma tese ou causa. Aí é hora de estabelecer um foco preciso, um processo de consolidação e uma comprovação de validade.

A *fase 1* é randômica e variada; a *2* é livre e espontânea, enquanto a *3* é sintética e precisa, definindo caminhos e instigando a reflexão.

É na *fase 2* que o cérebro trabalha mais, mas a nossa sensação é de que não está acontecendo nada. A razão disso é que o cenário do trabalho neural é o subconsciente, enquanto o consciente aguarda o fim do processo.

A tendência de todo processo de pesquisa é reunir pessoas semelhantes para uma conversa conclusiva e de consenso. Mas, na verdade, as pesquisas deveriam ser baseadas no dissenso e na geração de perguntas, não de respostas.

A busca deve funcionar da mesma maneira. Para isso, deveríamos reunir um grupo de experts inocentes que, sem preconceitos, verão a situação ou o projeto de maneira não contaminada e livre.

Algumas cortes de justiça em vários países do mundo, quando o veredito é por unanimidade, permitem um novo julgamento. Se todo mundo concordou, algo deve ter sido avaliado de maneira equivocada.

Buscar não significa definir o que se quer achar, e sim definir o território desconhecido que vamos desbravar. A busca deve ser iniciada com um cenário a ser explorado, e não um script a ser executado. No caminho, esse cenário pode revelar várias outras pérolas que nem imaginávamos achar. Por isso, o principal no processo da busca é a mente aberta para o novo, para o conceito que contrasta e agride, para o hiperlink que nos desvia de um caminho para encontrar outro.

Dizem que Cabral e Colombo planejavam chegar às Índias; no entanto, encontraram um novo mundo. Assim também é nossa busca no universo digital. Devemos estar abertos para o contraditório, para aquilo que agride nossas certezas e se contrapõe ao caminho predeterminado. A busca é um salto entusiasmado rumo ao desconhecido, mas com os olhos bem abertos para encontrar oportunidades.

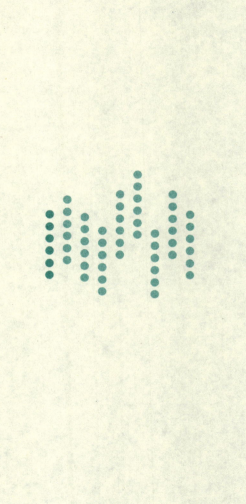

HOMENS SÃO ANALÓGICOS, MULHERES SÃO DIGITAIS

Em 1976, o economista bengalês Muhammad Yunus enxergou algo que, naquela época, ninguém mais parece ter observado: a economia das mulheres. Ele lançou sua ambiciosa iniciativa de microcrédito para acabar com a pobreza, o Grameen Bank, apostando em clientes do sexo feminino.

Yunus, que ganharia o Prêmio Nobel da Paz em 2006 com esse projeto, descobriu que as mulheres administram o dinheiro melhor que os homens, fazendo pouco virar muito por meio de empreendimentos multiplicadores e de maneira distribuída, por famílias e por comunidades. E graças a tal *modus operandi*, é claro, as mulheres acabam sendo melhores pagadoras do que os homens.

Cerca de quatro décadas depois, um número crescente de governos e empresas vem fazendo a mesma descoberta de Yunus e mais outra: as características arquetípicas femininas são mais adequadas aos negócios da era digital que as características arquetípicas masculinas, ao contrário do que acontecia na era analógica.

Não se trata de gostar dos gadgets digitais, porque são os homens que preferem esses brinquedinhos, segundo todas as estatísticas. A era digital, que apenas começamos a viver, é marcada pela abundância de recursos e por uma sociedade organizada em rede, diferentemente da era analógica, que era caracterizada pela escassez de recursos e por uma sociedade estratificada.

O fato é que, em um ambiente de abundância e no qual qualquer estrutura é mais participativa e descentralizada, as mulheres se saem melhor. Os homens, inversamente, ficam perdidos, tentando forjar uma escassez inexistente para poder hierarquizar as relações e firmar seu valor. Não o fazem por mal, é sua natureza.

Essa tese, esmiuçada nas páginas que se seguem, é compatível com a visão de Yunus; antes de todos nós, ele entendeu que o montante emprestado a uma mulher de Bangladesh era, proporcionalmente, uma abundância, e que ela saberia multiplicá-lo de maneira participativa e descentralizada.

A Organização das Nações Unidas (ONU) já não tem dúvida sobre a relação direta entre a situação das mulheres e a pobreza, e acredita que, fortalecendo as primeiras, extingue a segunda em longo prazo. A mesma relação direta parece que vem sendo percebida entre a situação das mulheres e a competitividade econômica de um país; não à toa, o Fórum Econômico Mundial, instituição especialista na competitividade de países, atribui importância crescente à sua métrica de desigualdade de gêneros, o *gender gap*. Não à toa, os países mais ricos nos indicadores per capita são os que têm menor desigualdade de gêneros.

Não é por acaso ainda que mais governos e organizações sem fins lucrativos implementam programas para promover o empreendedorismo feminino. No âmbito microeconômico, tampouco é coincidência que mais rankings de bons empregadores mapeiam as melhores empresas para mulheres trabalharem, como é o caso de um ranking da revista *Fortune*. E a reação correspondente a essa ação é que cada vez mais empresas, inclusive no Brasil, criam programas de equidade de gênero e de liderança feminina.

Até um indicador aparentemente fútil mostra-se útil para entendermos essa virada em prol das mulheres. Desde 2010, das dez celebridades mais procuradas em diferentes mecanismos de busca da internet, apenas uma é homem, segundo levantamento da *COED Magazine*, revista teen norte-americana. Independentemente de qualquer juízo de valor, celebridades são os modelos de comportamento de uma sociedade de consumo como a nossa. As mulheres tornaram-se referência em um novo campo: o econômico.

Em suma, o que era visto como consequência passa a ser considerado causa. Assim, o protagonismo das mulheres como profissionais não é resultado de uma sociedade bem resolvida, e sim nos conduz a uma sociedade mais desenvolvida.

A questão central é simples: por razões histórico-culturais e biológicas, as mulheres mostram-se mais aptas que os homens a protagonizar — e sustentar — esta era digital. Reconhecer o fato não tem a ver mais com ser politicamente correto na defesa da diversidade, como já foi um dia, mas é o passo imediatamente anterior ao de reestruturar a organização com mais mulheres e habilidades femininas. Quem não entender essa mudança estratégica dos ventos, que este livro pretende explicar de modo direto e objetivo, ficará para trás.

Um último detalhe: eu sou um homem. Por que estou escrevendo sobre a economia das mulheres? Porque me preocupo genuinamente com o sucesso dos negócios, acreditando que é o caminho mais certeiro para o sucesso da aventura humana neste planeta. Porque tenho sensibilidade para perceber a urgência de mudança na relação entre negócios e mulheres. Porque tenho curiosidade para estudar e entender melhor tudo isso. E, talvez, porque eu também tenha o distanciamento e o desprendimento necessários.

UM POUCO DE HISTÓRIA

Quando se visita Joanesburgo, na África do Sul, é obrigatório o passeio que nos leva a Gauteng, a cerca de 50 quilômetros da cidade. Nos folhetos turísticos, a região é anunciada como o "berço da humanidade"; é lá que ficam as cavernas Sterkfontein, sítio arqueológico no qual se encontraram 50 fósseis de hominídeos de mais de 2 milhões de anos, incluindo o mais antigo conhecido, do sexo feminino.

Na segunda metade dos anos 1980, um estudo genético havia concluído que todos os homens modernos descendiam de uma mesma mãe, nossa Eva mitocondrial, e de um mesmo pai, o Adão cromossomial-Y. Agora, em 2013, uma equipe de pesquisadores da Universidade Stanford, liderada pelos pesquisadores Carlos Bustamante e David Poznik, afirma que Adão e Eva devem ter vivido, ambos, na África, e com relativamente pouca diferença temporal — ela, entre 99 mil e 148 mil anos atrás, ele entre 120 mil e 156 mil anos. É possível que eles tenham coexistido no tempo e no espaço. Em todo caso, a genômica confirma a África como o berço da humanidade atual; não é conversa de folheto turístico apenas.

O que ainda falta a genômica confirmar, no entanto, é o comportamento de Adão, Eva e seus contemporâneos, fazendo eco aos muitos estudos biocomportamentais existentes. A maioria desses estudos chega a nós, no Ocidente, como piadas ou mitos de gênero repreensíveis. São aqueles comentários considerados sexistas, segundo os quais homens sabem ler mapas, mulheres não. Ou que mulheres encontram objetos em gavetas facilmente, enquanto os homens parecem cegos e idiotas nessa busca. Ou ainda de que homens privilegiam o monólogo e poupam palavras, enquanto mulheres, gostando do diálogo, falam pelos cotovelos.

O mundo dos negócios tem seu repertório particular de mitos e piadas. Diz a lenda que, se homens empreendem e conquistam clientes, mulheres gerenciam e os retêm. Ou que homens têm foco e mulheres são multitarefas. E tudo o que um é e o outro deixa de ser vira motivo para risadas de lado a lado, o que não cabe aqui reproduzir.

Nada disso é mito ou piada, contudo, para os especialistas em análise biocomportamental. Esses pesquisadores reconstituem a vida no período em que o cérebro humano teve sua maior evolução, mais ou menos o tempo da Eva mitocondrial e do Adão cromossomial-Y, lá na África, para entender como o órgão se moldava de acordo com as necessidades vigentes. Uma vez que o cérebro quase não mudou desde então, a programação feita para aquelas circunstâncias continuaria válida até hoje, no raciocínio dos analistas biocomportamentais.

Cerca de 100 mil anos atrás, a divisão de tarefas de um agrupamento de pessoas era simples: cabia aos homens caçar e pescar, e as mulheres tinham que cuidar da moradia e dos filhos.

Agora, pense comigo: para caçar e pescar, do que eles precisavam? De uma noção espacial aguçada; de uma visão focada na distância; ser silenciosos para não espantar as presas; concentração naquela única missão. E, obrigatoriamente, eles buscavam algo que não possuíam, certo?

E elas? Quais eram os requisitos para que cumprissem suas funções? Vivendo em espaços reclusos e restritos para proteger a prole, elas precisavam de visão próxima e na penumbra; fazer barulho para manter a moradia a salvo dos predadores e lidar com várias atividades ao mesmo tempo — até pela quantidade de filhos, que não devia ser pequena. E, claro, elas cuidavam do que já possuíam.

Outro aspecto interessante, de acordo com estudos biocomportamentais recentes, é que, por conta dessas funções distintas, a reação ao perigo era radicalmente diferente em homens e mulheres. Eles respondiam a toda ameaça com o típico movimento de "fight or flight" (lutar ou fugir). Elas invariavelmente apelavam para o "tend and be friend" (cuidar e fazer amizade), uma vez que a ameaça se localizava em sua moradia e o objetivo era preservar o máximo dos filhos que ali se encontravam. As mulheres compunham com o inimigo, fosse ele humano ou animal.

Como sugerem os analistas biocomportamentais, todas essas circunstâncias foram definindo e adequando o funcionamento cerebral, com elementos físicos e químicos. Quer um exemplo químico? Conforme vários estudos já demonstraram, o hormônio feminino estrogênio alavanca os efeitos da oxitocina, substância que estimula o amor e o instinto maternal. A composição com o inimigo fica mais fácil assim, não? O diálogo com o outro também. Ou estou enganado?

QUEM CAÇA OU PESCA HOJE?

Na pré-história das cavernas, havia escassez de alimentos e de outros recursos essenciais à sobrevivência. A atividade de caçar e pescar era fundamental, e os homens saíam-se magistralmente bem nela.

Conforme a humanidade se desenvolveu, caçar e pescar o próprio alimento foi se tornando menos necessário, mas a escassez persistiu, de outras maneiras. Para a maioria das pessoas, os alimentos e demais recursos de sobrevivência pertenciam a outros e, para tê-los, era preciso poder comprá-los ou roubá-los.

Pense nas aulas de história e na brutal escassez na Grécia Antiga e no Império Romano, na Idade Média das cruzadas e do feudalismo, mesmo no Renascimento e na época das grandes navegações e da descoberta da América. Até escravidão havia, por conta da escassez. A economia que se estabeleceu com a Revolução Industrial não mudou esse panorama; basta pensar nos romances de Charles Dickens, que retratavam a realidade das crianças famintas, exaustas e castigadas por uma vida duríssima em Londres.

A escassez manteve, por todos esses séculos, uma economia baseada na dominação e no controle, em que os líderes se ancoravam em atitudes como lutar ou fugir e na hostilidade como padrão comportamental. Podia mudar o controlador de tempos em tempos, mas ele era sempre do sexo masculino — ou, se havia uma mulher no comando, como algumas rainhas e czarinas, elas replicavam atributos claramente masculinos.

Hoje, isso está mudando a passos largos e rápidos. Você já se perguntou por que demonstrações de dominação e controle facilmente viram piada ou, na pior hipótese, despertam reações violentas? Por que fenômenos como as burneshas da Albânia atual, mulheres que se fazem passar por homens com comportamento hostil e atitudes de dominação e controle, causam estranhamento até na própria Albânia?

Ocorre que esse tipo de atitude não parece mais natural. Soa ultrapassado, extemporâneo, até uma aberração em um contexto que se apoia na colaboração e no senso de comunidade. O fato é que a economia pós-industrial, que inclui o modo de produção digital, caracteriza-se pela abundância de recursos, resultante da globalização e das tecnologias em rede, entre outras coisas.

Agora, quando faltam batatas, não se passa fome. Importam-se batatas de outro país e o governo local (ou as entidades filantrópicas) as fazem chegar até a quem não pode comprá-las. Ou clonam-se batatas com base em seu DNA. Na verdade, temos sementes geneticamente modificadas que criam batatas à prova de seca e das doenças e pragas agrícolas mais improváveis. Há sensores nas plantações avisando dos mínimos problemas antes que eles se espalhem, por meio da chamada Internet das Coisas.

Se o cérebro masculino continua programado para a dominação e o controle — e ele continua —, como um homem tipicamente responde a esse novo ambiente no qual não faltam batatas? Ele tenta fazê-lo voltar ao modelo anterior, forjando uma escassez que gere uma disputa contínua pelo poder e que vai requerer suas habilidades masculinas novamente. Isso vem acontecendo com frequência, preste atenção; acontece nas mais diversas instâncias. E tem o potencial de causar inúmeros problemas, seja em uma família, uma comunidade, uma empresa ou um governo.

Em um ambiente de abundância, são as mulheres que se saem melhor, e a história, assim como a análise biocomportamental, explicam-nos o porquê com didatismo. Cada uma delas foi programada, geneticamente, para cuidar dos outros e fazer amizades. Elas ficam completamente à vontade em uma estrutura mais participativa e descentralizada, como é a estrutura-padrão destes novos tempos. Não significa que os homens tenham ficado redundantes e dispensáveis; eles apenas precisam reaprender muitas coisas e adquirir habilidades femininas.

Estamos diante de uma mudança gigantesca de paradigma e, embora muito alardeada, ainda é pouco compreendida. Agora, são as mulheres que têm a chance de conduzir a economia e a sociedade à plenitude, não os homens. A nós, cabe aceitar que o mundo digital pertence ao arquétipo feminino e abrir caminho para deixá-las tomar as decisões e influir cada vez mais no destino dos negócios e das organizações.

MULHER APRENDIZ

Uma das mais brilhante séries de animação da televisão mundial e ainda atual, *The Flintstones*, é uma confirmação das teorias do biocomportamentalismo: vivemos hoje exatamente como vivíamos na Idade da Pedra, com casas que são cavernas mais confortáveis e bem decoradas, e com mulheres e homens de características similares repetindo papéis similares.

Produzida nos anos 1960, a animação deixava claro que a função da mulher, como esposa, dona de casa e mãe, não mudou muito do tempo das cavernas até então: as personagens femininas Wilma Flintstone e Betty

Rubble são exatamente como as Evas pré-históricas descritas anteriormente e não diferem significativamente de uma dona de casa padrão de hoje.

A diferença, contudo, é que há rejeição ao estilo de vida de Wilma e Betty. Recentemente, um famoso programa feminino das manhãs da TV brasileira fez entrevistas de emprego para um cargo fictício, que requeria trabalhar mais de 12 horas por dia, 7 dias por semana, 365 dias por ano, com trabalho redobrado em domingos e feriados, e boa parte do tempo em pé. A rejeição dos candidatos, mulheres e homens, foi de 100%, mesmo antes de o entrevistador mencionar a remuneração zero. O que o programa de TV ensinou é que essa é a descrição de cargo de esposa, mãe e dona de casa.

No entanto, o que inicialmente é percebido como uma desvantagem mostra ser, na verdade, uma vantagem para utilizar o raciocínio apresentado por Malcolm Gladwell em seu livro *Fora de Série*. Ele gosta de citar como exemplo o fato de que uma quantidade extraordinária de empreendedores é disléxica, entre eles, Richard Branson, criador do grupo Virgin, e credita isso à busca de compensação. Quem tem dislexia buscaria compensá-la desenvolvendo habilidades de comunicação verbal, aprendendo a delegar, sendo um líder melhor do que os outros, formando mais coalizões com outras pessoas. Em resumo, uma desvantagem leva a um aprendizado compensatório.

A que aprendizado a desvantagem de ser Wilma, ou Betty, pode conduzir uma mulher? Ao famoso "aprender a aprender", com as habilidades fundamentais para isso: curiosidade, paciência e perseverança. As mulheres têm a seu favor o histórico nas cavernas, quando tinham de aprender ao educar cada filho, ao mudar de caverna e adaptar-se ao novo local (na vida nômade em busca de uma região de melhor caça).

Ainda, segundo Gladwell, a abordagem ao aprendizado baseada em compensar fraquezas é mais poderosa do que aquela que capitaliza forças. Entre outros dados que comprovariam o fenômeno, ele cita o fato de que os mais bem-sucedidos quarterbacks (jogadores de futebol americano que dirigem a ofensiva do time no jogo) costumam ser os de menor quociente de inteligência (QI). Como diz Gladwell: "É bem provável que os rapazes que deixam a faculdade sem ter uma pontuação boa no teste de QI façam alguma espécie de compensação. Eles sabem que não se sairão bem no teste, então trabalham duro."

Por todas as estatísticas que se observam, as mulheres dedicam-se muito mais a aprender do que os homens. O estudo *A Batalha por Talentos Femininos no Brasil*, divulgado no final de 2011 pela ONG Center for Work-Life Policy, por exemplo, afirma que as mulheres já superam os homens na educação superior. Cerca de 60% dos graduados em universidade que ingressam todos os anos na força de trabalho brasileira são mulheres.

Os norte-americanos, pródigos em estatísticas, afirmam que as mulheres nunca param de aprender, admitindo que não sabem tudo, nem jamais saberão, o que é considerada uma premissa-chave para o crescimento dos negócios nos dias atuais. Segundo o artigo da revista *Forbes*, diferentes pesquisas, incluindo uma realizada pela Zenger Folkman, indicam que as mulheres leem mais livros, revistas e jornais, frequentam mais cursos executivos, fazem mais coaching, buscam mais conselhos de mentores, patrocinadores e assessores, participam de mais grupos de pares que trocam conhecimentos.

Eu acrescentaria que, por toda essa curiosidade, tantas vezes estigmatizada como "fofoca", as mulheres têm, por hábito, perguntar mais o "porquê" das coisas. Wilma Flinstone e Betty Rubble fofocavam, mas elas também queriam entender as coisas, e por conta disso é que, na maioria das vezes, eram elas que encontravam as soluções para as confusões criadas pelos respectivos maridos, Fred e Barney.

A MULHER MEMBRO DE EQUIPE

Uma das frases mais célebres da história do cinema foi imortalizada por uma mulher: "I want to be alone" ("Eu quero ficar sozinha"). Quem a disse foi a atriz Greta Garbo no filme *Grand Hotel*. Mal sabia Garbo, no entanto, que isso contribuiria para reforçar um mito contrário à natureza feminina e que, por muito tempo, pode ter prejudicado sua ascensão no mercado de trabalho — o de isolamento diante de dificuldades. Ao lado de um segundo mito eternizado por outra atriz, Bette Davis, no filme *All about Eve* — o de que mulheres competem entre si e sabotam umas às outras — criou-se a falsa impressão de que mulheres não trabalham bem em equipe.

Há um terceiro mito em construção: o de que as mulheres não fazem networking. Segundo essa hipótese, elas terminam o trabalho e querem correr para casa, a fim de ficar com os filhos e cuidar dos afazeres domésticos quando, em nome do sucesso profissional, deveriam participar de happy hours e ir a encontros profissionais.

Nada mais enganoso do que esses três mitos, por minha experiência cotidiana. Pelo que vemos nas pesquisas biocomportamentais, mulheres atuam em equipe desde sempre, seja nas famílias, seja com outras mulheres da tribo, seja quando compõem e confraternizam com os inimigos como forma de "luta". Elas até podem ter sido incentivadas historicamente a competir entre si — basta se lembrar dos romances de Jane Austen sobre a Inglaterra vitoriana, em que as mulheres se viam obrigadas a disputar candidatos para se casarem com dotes e posições —, mas sua natureza é de estabelecer relações e se aliar.

Assim, uma cena comum em torno das mesas de cafés, bares e restaurantes são grupos de amigas confraternizando alegremente. Dentro das empresas, as mulheres — a maioria delas, ao menos — ajudam-se, compartilhando conhecimento, puxando umas pelas outras. Elas fazem isso com uma real sabedoria do relacionamento, pois utilizam ferramentas racionais e emocionais em cada conversa e, também, em cada decisão.

Mulheres trabalham em equipe e fazem networking o tempo inteiro, em cada telefonema, em cada e-mail, quando estão em operação; elas não precisam de happy hour para se relacionar.

Em seu livro *Never Eat Alone*, Keith Ferrazzi foi além do estudo de 1974 do sociólogo Mark Granovetter, que destacou a importância dos laços sociais fracos para o sucesso profissional, e nos apresentou ao termo "superconectores". Segundo o autor, eles são pessoas que têm contato com milhares de outras, de uma diversidade admirável, e que de fato fazem trocas com elas e ainda têm a generosidade de conectá-las umas às outras.

A conclusão a que pessoalmente cheguei é que os superconectores são grandes team players, jogam em equipe, só que em vez de levarem em conta apenas a equipe próxima, de contato mais direto e frequente, consideram sua equipe um grupo muito maior de pessoas.

E, em minha visão, as superconectoras por excelência são as mulheres. Nos Estados Unidos, há até uma grande dama dos superconectores, chamada Judy Robinett, que está preparando um livro sobre o tema. Utilizando a linguagem emocional tanto quanto a racional, e com a generosidade que lhes é peculiar desde as cavernas, elas vão tecendo as redes de contatos. Elas "perdem tempo" com isso, diriam homens mais desavisados, ou investem nisso, observariam os atentos.

Conectar, nunca é demais repetir, tornou-se uma característica fundamental ao mundo dos negócios contemporâneo, no qual as fronteiras corporativas são cada vez mais tênues, no qual um número crescente de equipes precisa ser integrado por colaboradores externos, às vezes estrangeiros, e certamente diversificados em cultura e comportamento.

Uma última observação, em resposta ao terceiro mito, é de que as mulheres perderam a timidez e o medo de serem criticadas como feministas, e estão formando um ecossistema vibrante. Isso vem acontecendo no Brasil também, mas, a fim de não cometer injustiças deixando de citar alguém, vou me referir a alguns elos do ecossistema de negócios femininos dos Estados Unidos: há a tradicional National Association of Women Business Owners (de empresárias), uma CNI ou um LIDE em versão feminina, mas também vemos surgir entidades de empreendedoras, como a Women 2.0, para o segmento de tecnologia. Assim como existe o YPO, dos jovens presidentes, há a Women Presidents' Organization (WPO), de jovens mulheres presidentes. Ligado ao governo, encontramos o Women's Business Enterprise National Council (WBENC).

À frente das universidades, um exemplo é o Women Innovating Now Lab (WIN) do Babson College. Além disso, é crescente a quantidade de fundos de investidoras-anjo, como Belle Capital, Golden Seeds e Texas Women's Fund.

As mulheres querem ficar sozinhas, sabotam-se e não fazem networking de fato, certo? Não, elas são tão membros de equipe que montam ecossistemas para ampliar essas equipes de todos os modos possíveis.

MULHER GESTORA E LÍDER

Há um princípio segundo o qual, para você ser bom em algo que exija conhecimento complexo, é necessário gastar cerca de 10 mil horas de prática, o que equivale a 5 anos de trabalho de 8 horas diárias. Isso é mencionado, com todas as letras, no livro *Fora de Série*, de Malcolm Gladwell, além de aparecer em diversas pesquisas e já ser, de certo modo, senso comum: é preciso trabalhar duro para ser realmente bom em algo.

Entre homens e mulheres, quem tem mais quilômetros rodados em gestão? Assim como no tempo das cavernas, hoje também são as mulheres que gerenciam a complexidade que é o tripé formado por casa, agregados (que podem ser filhos, pais idosos, animais de estimação, empregados domésticos etc.) e casamento.

A casa é uma organização que gera expectativas diversas em seus consumidores-usuários: deve ofertar abrigo, limpeza, alimentação, conforto, beleza, reputação etc. Se focarmos só o quesito alimentação, a complexidade já fica nítida: é preciso atender a requisitos como prazer e nutrição, e tudo isso dentro de uma estrutura de custos predefinida. Os filhos, ou pais idosos, ou animais de estimação, requerem gestão de desenvolvimento, saúde, lazer e segurança, entre outros aspectos. E empregados domésticos pedem um tipo de gestão particularmente delicado, seja em relação a parâmetros de desempenho ou em relação a limites comportamentais.

O casamento requer uma gestão ainda mais sofisticada, talvez porque exija alinhar variáveis tão abstratas e paradoxais quanto a diversão e o combate ao tédio, de um lado, e a constituição de patrimônio e de uma estratégia familiar de longo prazo, de outro.

O que seria a principal característica da mulher gestora observada nas práticas aqui descritas? Eu destacaria três: a tomada de decisões que leva em conta componentes racionais e emocionais, a disposição de servir o outro, e a *accountability*, ou responsabilidade e prestação de contas aos envolvidos.

Combinando intuição e lógica, a mulher em geral parece não acreditar que a solução de qualquer problema esteja em receitas prontas, mas em uma abordagem caso a caso, em conformidade com a pessoa a ser servida. Nesse sentido, a mulher é a perfeita tradução da gestora-servidora, ou a líder-servidora — para utilizar um jargão mais em voga —, embora eu não pretenda aqui fazer distinções entre gestor e líder. Servir é cuidar e, na dicotomia conquistar–cuidar, que caracteriza a gestão, a mulher é a grande mestre do último aspecto, que ganha relevância em um cenário impactado pelas tecnologias e marcado pela abundância mais do que pela escassez.

Gerenciar com uma visão abrangente do gerenciado, levando em conta suas forças e fraquezas e dando-lhe feedback constante, é próprio da gestão complexa que ela pratica desde a Idade da Pedra. O mesmo se aplica à gestão de detalhes, tão típica do universo feminino, que torna a mulher capaz de encontrar pequenos objetos na penumbra, em bolsas, gavetas, arquivos, computadores, mesas de reunião, entre outros locais.

Não há como negar que a média das mulheres, a começar por aquelas que habitavam as cavernas, tem um número de horas acumulado nesse tipo de gestão bem superior ao da média dos homens. Isso é o que faz com que, pela teoria de Gladwell, elas obtenham maior excelência de desempenho.

Historicamente, as mulheres foram colocando-se no mercado executivo como gestoras de recursos humanos. Depois, ganharam posições importantes na área de comunicação e marketing. Mas o fato é que suas 10 mil horas de experiência a mais do que a dos homens em conhecimento gerencial complexo permitem voos muito mais altos. Isso é alicerçado em resultados, como uma série de números internacionais comprova — infelizmente, ainda faltam levantamentos específicos no Brasil:

- Segundo pesquisa conduzida pela firma de desenvolvimento de liderança norte-americana Zenger Folkman em 2014, mulheres constroem equipes melhores e são mais apreciadas e respeitadas como gestoras. Tendem a combinar o pensamento lógico com o intuitivo de maneira mais natural e são mais conscientes do efeito de suas decisões sobre terceiros, como disseram os consultores Jack Zenger e Joseph Folkman à revista *Forbes*.
- Cooperação, comunicação e compartilhamento, habilidades de liderança cada vez mais valorizadas nas empresas do século XXI e normalmente associadas a mulheres, estão entre as explicações para essa percepção dos subordinados. Porém as mulheres superaram os homens até em atributos associados normalmente a eles na pesquisa da Zenger Folkman, como tomar iniciativas e voltar-se para resultados — vale lembrar que falamos da capacidade de aprendizado feminina anteriormente.
- Empresas de tecnologia de capital fechado lideradas por mulheres oferecem retornos sobre o investimento 35% mais elevados e, quando apoiadas por fundos de investimento, geram receitas 12% maiores que as lideradas por homens, conforme pesquisa da Fundação Kauffman.

- Organizações que têm mais mulheres na alta gerência costumam gerar um retorno sobre a ação 35% mais alto e um retorno total 34% superior aos acionistas na comparação com outras, particularmente quando a inovação é chave, como em empresas de internet, mobile e mídia social (essa informação será mais bem desenvolvida adiante), conforme pesquisa da Illuminate Ventures.

Claro, ainda há o inegável fato de que as mulheres, como consumidoras, controlam cerca de 70% a 80% das decisões de compra, e uma mulher gestora tem o insight da mulher consumidora. Porém aqui não entrarei nesse mérito, que mereceria um número adicional de páginas. Só digo que mulheres são gestoras naturais, líderes-servidoras sob medida para tempos de abundância.

A MULHER EMPREENDEDORA

Warren Buffett, megainvestidor norte-americano, já conclamou investidores e empresas a apostarem mais nos talentos femininos. Segundo ele, que tem 3 mulheres entre os 13 membros do conselho de administração de sua Berkshire Hathaway, esse é o caminho para gerar melhores produtos, serviços e resultados.

O sábio investidor não é uma voz isolada entre os homens dos Estados Unidos: o acadêmico e empreendedor Vivek Wadhwa diz que as empresas do Vale do Silício dirigidas por mulheres têm menos funding do que deveriam e faz uma campanha para reverter isso; investidores-anjo, como Adam Quinton, levantam a bandeira do empreendedorismo feminino que gera maiores retornos para o investimento, e a população em geral direciona 42% de suas apostas a iniciativas lideradas por mulheres — pelo menos essa é a estatística do site de crowdfunding IndieGogo.

O ativismo masculino a favor das mulheres empreendedoras pode não ser o mesmo no Brasil, mas a mudança na América do Norte serve principalmente para sinalizar que o maior dos mitos em relação a mulheres e negócios está sendo derrubado: o de que mulheres não são boas para conquistar, apenas para cuidar. Empreendedorismo é um sinônimo de conquista — de mercados —, afinal de contas.

Trata-se, possivelmente, de uma conjunção conspiratória de fatores a favor dessa visão. Em primeiro lugar, empreender em uma era digital é cada vez mais fácil e barato; o fracasso pode ser rapidamente esquecido. Se mulheres são mais apegadas a não perder coisas, como aprendemos nos estudos biocomportamentais, essa dificuldade natural é amenizada por uma cultura mais leve em relação ao risco.

Empreender em uma era digital, marcada pela abundância, também requer conjugar muito mais o verbo "cuidar", ao lado de "conquistar", na dicotomia que já discutimos anteriormente. "Cuidar" ou "servir" torna-se não apenas elemento de fidelização, mas de conquista, em um mercado com redes sociais online cada vez mais poderosas e uma propaganda boca a boca que é peça-chave de marketing. Assim, uma empresa tem de nascer servindo, ou cuidando, e isso as mulheres fazem maravilhosamente bem, em geral.

No Brasil, alguns ícones do empreendedorismo femininos são mulheres que atuam em negócios que cuidam de clientes — e elas acrescentam a isso o cuidado com os funcionários. Vêm-me à cabeça pelo menos quatro: Luiza Helena Trajano, do Magazine Luiza; Janete Vaz e Sandra Costa, do Laboratório Sabin; e Chieko Aoki, da rede hoteleira Blue Tree Hotels.

Não se trata apenas da preocupação em servir — clientes, funcionários e demais stakeholders. Tem a ver também, parece-me, com o foco nos detalhes. As mulheres são eternas insatisfeitas, não aceitam o que é normatizado e padronizado.

Há mais características femininas particularmente benéficas aos parâmetros atuais de empreendedorismo.

- A mulher tem grande capacidade de relacionamento. Como muitas startups nascem em formato aberto, com colaboradores externos e o menor custo fixo possível, a habilidade nessa área é essencial, e esse é um ponto forte feminino, como já conversamos.
- A mulher é multidisciplinar e multitarefas por definição. Seu cérebro foi formatado assim, se posso dizer dessa maneira simplória. Isso acontece desde o tempo das cavernas, em que cuidavam da cria ao mesmo tempo em que compunham com os inimigos para defendê-la. Pois não há empreendedor que consiga lançar seu negócio tendo um profissional diferente para liderar cada área em uma época cujo mantra é o de criar startups enxutas (lean startup): ele precisa ser presidente, diretor de marketing, de RH, de finanças, de vendas etc.
- A curiosidade e a vontade de aprender femininas também são habilidades que interessam muito ao investidor. Em vez de apegar-se a uma ideia fixa preconcebida, uma empreendedora tende a ter mais facilidade de modificá-la conforme os inputs de uma incubadora ou aceleradora, de investidores ou de clientes potenciais que um empreendedor do sexo masculino.
- A responsabilidade, ou *accountability*, de gestora, já citada anteriormente, passa mais confiança aos investidores no potencial do negócio. A mulher se preocupa em dar satisfação, o que facilita o trabalho em parceria.

Além do mais, vale dizer que o empreendedorismo atual é diferente do de antigamente, quando os homens tinham de desbravar terras inóspitas, como o velho oeste norte-americano ou a fronteira agrícola do cerrado brasileiro. Boa parte do empreendedorismo é urbano, em condições que não apresentam perigo para as mulheres. A ameaça do perigo físico sempre foi uma sombra para o não empreendimento feminino, ao menos utilizada pelos homens como justificativa plausível; nas cavernas elas ficariam mais protegidas de feras selvagens.

A MULHER CRIADORA DE VALOR COMPARTILHADO

Não sei por que "ombro" é um substantivo masculino em português. Ombro, e o conceito de "ombro amigo", como sinônimo de apoio, deveriam ser femininos se houvesse justiça histórica e científica. Cerca de 69% das gestoras brasileiras entrevistadas no estudo A Batalha por Talentos Femininos no Brasil, da ONG Center for Work-Life Policy, afirmaram ter responsabilidades significativas com idosos. Muitas delas bancam financeiramente pais e sogros com quase um quarto de sua renda anual — cerca de 23%. Homens oferecem o mesmo ombro amigo? Apenas os beijinhos curativos de quando os filhos pequenos se machucam no playground. Esse mesmo instinto compassivo e protetor as mulheres estão levando para o meio empresarial, conforme se infiltram nele. Não se trata de cuidar apenas de funcionários e clientes, mas de cuidar de algo além das fronteiras corporativas, no melhor espírito da responsabilidade socioambiental empresarial (RSE). Para ser mais contemporâneo, devo dizer que significa atuar na criação de valor compartilhado — quando um negócio gera valor para o acionista e, ao mesmo tempo, para a sociedade.

Os negócios sociais, a inovação social, as organizações híbridas que vêm surgindo, e que nada têm de filantropia, estão majoritariamente em mãos femininas. Ao lado dos avanços tecnológicos, essas iniciativas estão entre nossas maiores apostas para um futuro que não faça a humanidade sucumbir, massacrada por desigualdades sociais e tragédias ambientais. É provável que, lá na caverna, fosse a mulher a dar o alerta quando a reserva de água estivesse para acabar, e que chamasse a atenção do homem quando ele punia mais uma criança do que as outras que haviam feito algo errado também.

Maria Eitel é um bom exemplo de gestora com esse tipo de preocupação profundamente humana. Executiva de carreira com passagem pela Microsoft, entre outras empresas, ela foi a primeira vice-presidente de RSE da Nike no final dos anos 1990, época em que a fabricante de calçados esportivos sofreu várias denúncias de que utilizava trabalho escravo em sua produção terceirizada. Hoje, é CEO da Fundação Nike, que conseguiu criar dentro da empresa, e iniciou, em 2004, o movimento "Girl Effect", investindo em adolescentes do sexo feminino para alavancar o desenvolvimento de países mais pobres, como o Quênia.

Eitel também participa da liga de mulheres empreendedoras, uma organização norte-americana de mulheres influentes da economia e da política, que se propõe a abordar, de maneira estratégica, a brutal realidade que vitimiza o sexo feminino mundo afora. Por exemplo, a Organização das Nações Unidas (ONU) estima que 1 milhão de mulheres são violentadas e agredidas sexualmente em 1 ano, muitas vezes como consequência de guerras — uma estatística aterrorizante.

As mulheres estão cuidando de mulheres porque, como descobriu o economista Muhammad Yunus, citado no início deste texto, o avanço socioeconômico de uma mulher gera mais dividendos para a comunidade do que o de um homem. Ele trabalha na unidade alimentícia que criou em parceria com a Danone, a Grameen Danone Foods, no sul e sudeste asiáticos, com as Grameen Ladies, as senhoras Grameen, que cuidam da distribuição dos iogurtes e outros alimentos.

Porém a opção de Eitel ou de Yunus não significa que apenas mulheres são ajudadas por mulheres nesse conceito de valor compartilhado. A visão é ampla, e só não a enxerga quem não quer. O foco principal é levar a abundância, absolutamente factível e viável, onde a escassez ainda teima em resistir.

MULHER DO FUTURO

Tenho uma boa notícia para as empresas: seus problemas podem estar prestes a terminar se souberem aproveitar as mulheres como as profissionais excepcionais que são para esta economia digital caracterizada pela abundância. Segundo o levantamento da ONG Center for Work-Life Policy, 81% das mulheres brasileiras amam seu trabalho (mais do que nos EUA, onde esse indicador é de 71%) e um surpreendente indicador de 95% são leais às organizações em que atuam, sendo que 58% têm intenção de permanecer no atual emprego por 3 anos ou mais. Investir nas mulheres compensa também em longo prazo.

Eu me arrisco a dizer que sei, contudo, quais são as três maiores preocupações dos empresários nessa seara.

A primeira delas tem a ver com uma pergunta-chave feita pelo pesquisador neozelandês James Flynn, autor do livro *O que É Inteligência?*: "Quantas pessoas que são capazes de alcançar algo efetivamente o alcançam?" Em outras palavras, a dúvida é se as mulheres, tendo todos esses talentos naturais por razões biocomportamentais e mais as habilidades que tão fácil e disciplinadamente aprendem, conseguirão capitalizar tudo isso.

A segunda preocupação diz respeito à inovação. Acredita-se que esse campo, cada vez mais demandado nos tempos atuais, é muito mais masculino do que feminino, também por razões biocomportamentais — algo novo significa conquista, requer risco, habilidades mais presentes nos homens.

A terceira tem a ver com a falta de ambição. Na cabeça de quase todo homem, passa o seguinte temor: sempre que houver alguma prioridade familiar, a empresa será colocada em segundo plano.

Quero dedicar-me a responder às três questões, justamente com essa visão futurista, embora ninguém tenha bola de cristal para cravar respostas. Como as mulheres atuarão nas empresas amanhã?

Em primeiro lugar, quero dizer que cada vez mais mulheres já estão convertendo seu potencial em realidade. Essa conversão depende sobretudo do que os acadêmicos chamam de "contexto capacitante". Ou seja, é preciso haver nas empresas um ambiente que facilite os caminhos para as mulheres. Estamos vendo isso acontecer de diversas maneiras, desde os programas de liderança feminina cada vez mais frequentes (com mentoria e coaching específicos, planos de carreira agressivos e facilidades como creches internas para lidar com as questões familiares) até cotas e políticas afirmativas em países europeus.

O fato é que os salários delas ainda são menores do que os nossos até em países como os Estados Unidos (22,6% menos, em média, conforme dados recentes) e isso não é sinônimo de contexto capacitante, pelo contrário. Tampouco é contexto capacitante a culpa que a sociedade ocidental ainda coloca sobre a mulher que trabalha fora: novamente segundo a pesquisa da ONG Center for Work-Life Policy, apesar de terem mão de obra de apoio para cuidar das crianças, as gestoras brasileiras afirmam sofrer grande pressão cultural para colocar a família acima da carreira — 59% se sentem culpadas por serem mães sofríveis e 44% lidam com a culpa de serem filhas sofríveis. Porém o contexto capacitante vem melhorando, apesar de tudo.

Em segundo lugar, para falar de inovação, lembro que citei anteriormente algumas estatísticas sobre empreendimentos de alta tecnologia liderados por mulheres nos Estados Unidos. Mas inovação não é só tecnológica, e trago como referência a descoberta de Larry Keeley, autor de *Dez Tipos de Inovação: A Disciplina de Criação de Avanços de Ruptura*, com base na análise de três décadas de inovação. Segundo Keeley, mulheres abordam a resolução de problemas diferentemente dos homens. Seu método é holístico e sistemático. Em vez de se contentarem com respostas simples e rápidas, elas dedicam-se principalmente a soluções abrangentes, que servem para mais de um problema. Não é uma complementaridade perfeita? Isso torna um time misto de homens e mulheres o sonho de qualquer empresa. Além disso, lembremos que, na era de inovação, o cuidado com os relacionamentos é primordial, porque, já que ninguém manda em ninguém hierarquicamente, é preciso querer cooperar. E quem mais entende de relacionamentos são elas.

Por fim, não existe falta de ambição: 80% das gestoras brasileiras aspiram a melhores cargos — por exemplo, índice maior do que os 52% dos EUA, conforme a ONG Center for Work-Life Policy. Quanto a priorizar cuidar de um filho doente a estar na empresa, isso não faz sentido? Os homens não deveriam fazer o mesmo? O que é necessário, nesse caso, é uma quebra de paradigma que viabilize o trabalho em casa, que permita o *job sharing* (compartilhamento do mesmo cargo por duas pessoas) e assim por diante. A própria lealdade das gestoras a suas empresas afasta os temores nesse aspecto.

Não há como escapar das mulheres no futuro, eu diria, não importa em que extremidade da pirâmide socioeconômica. As pesquisas com a nova classe C mostram que quase 60% das famílias brasileiras já são lideradas por mulheres — muitas delas, empreendedoras. E isso tende a aumentar. Nos Estados Unidos de 2030, estima-se que as mulheres controlarão cerca de dois terços da renda nacional.

O NEXIALISMO TEM SEXO

Estamos vivendo uma era que parece ter sido feita de encomenda para a proliferação de quem gosta de pensar "fora da caixa", ter uma visão sinérgica, holística: a era digital. Agora, o que importa não é saber as coisas, e sim onde buscá-las, já que todo o conhecimento humano está disponível de maneira editável, selecionável, com publicação e acesso instantâneos na internet.

É importante que tenhamos repertório de informações armazenadas na massa encefálica, pois é com base nele que fazemos relações entre as coisas — ninguém raciocina sem conteúdo, afinal. Porém o mais importante é justamente conseguir transitar multidisciplinarmente por todo esse caos. Eu chamo o profissional capaz de fazer isso de "nexialista".

O termo vem de um livro de ficção científica que marcou época na década de 1950, escrito por A.E. Van Vogt, *Missão Interplanetária*, que inspirou a famosa série de TV *Star Trek*. O livro conta as aventuras de uma nave espacial repleta de cientistas e especialistas nas principais áreas do conhecimento humano que atravessa o Universo em busca de planetas distantes e se envolve em graves problemas. O personagem central e herói do livro era o único nexialista a bordo, não especializado em nada. Graças à sua habilidade de integrar diferentes matérias ou ciências, como psicologia, química e física, ele vivia salvando a equipe.

Nos dias em que vivemos, acredito que pessoas do sexo feminino, ou homens com arquétipo mais feminino, tenham mais propensão a ser nexialistas. Elas têm mais curiosidade, perguntam por que, são multidisciplinares... Por todos os motivos expostos neste livro, as gestoras estão à frente dos colegas do sexo masculino nessa viagem espacial. É claro que elas ainda precisam aprender muitas coisas, e provavelmente enfrentar momentos de infelicidade por conta disso — como diz o escritor Albert Camus, devemos "entender a dignidade que há nos momentos de infelicidade".

O bom é que agora podem conseguir fazer isso sem abrir mão de sua natureza. Não é mais tão válida a triste profecia de Margo Channing, a personagem de Bette Davis no clássico de Hollywood *All about Eve*, citada anteriormente: "Funny business, a woman's career. The things you drop on your way up the ladder so you can move faster. You forget you'll need them again when you get back to being a woman."[1] Para subir mais rápido os

---

[1] "É curiosa a carreira de uma mulher. As coisas que você larga pelo caminho ao subir os degraus para poder ir mais rápido. Você esquece que precisará delas de novo quando voltar a ser mulher", em tradução livre.

degraus, não é preciso jogar fora coisas que lhes serão necessárias quando voltarem a ser mulheres. Na era da economia digital e da abundância, elas podem ser mulheres o tempo todo, e esse deve ser o desejo das empresas.

→ Informações e Conteúdo

→ Multidisciplinaridade

→ Integrar diferentes matérias e ciências

VOCÊ É O QUE VOCÊ CRÊ

Muitas vezes já ouvimos frases como "você é o que você come", dos obsessivos por alimentação; ou "você é o que você pensa", proferida pelos estudiosos da psique humana; ou ainda, "você é o que você compartilha", frase preferida dos assistencialistas e engajados do terceiro setor. Na verdade, tudo isso pode tangenciar à realidade, mas nada é mais claro para mim do que a importância da crença no destino das pessoas. A frase "você é o que você crê" deveria ser o conceito determinante que define o comportamento e, principalmente, a personalidade das pessoas.

Existem dois tipos de crença: a interna e a transcendente. A *interna* pode ser definida como a capacidade que a pessoa tem de acreditar em si mesma, se valorizar, ampliar seu grau de autoestima e acreditar piamente que é capaz de qualquer coisa. Quanto mais alta for a crença interna, maior a coragem, a ousadia, a capacidade de empreender, ir mais longe e correr riscos.

A crença *transcendente* é aquela que atribui a uma força externa o resultado de uma ação ou decisão. Significa a fé que algumas pessoas têm em uma espécie de anjo da guarda que as protege em todos os momentos. É bom frisar que a crença transcendente não exige necessariamente religiosidade. Pode ser chamada de sorte, destino já traçado, o "escrito nas estrelas" ou até o "Deus é brasileiro". Não importa a forma como a denominamos, e sim a atitude de acreditar que algo, além de si próprio, está guiando seu destino e suas decisões.

NOSSAS CRENÇAS DEFINEM NOSSO DESTINO

Quem tem as duas crenças em alta dose é uma pessoa perigosamente ousada, para o bem ou para o mal: ou vai mais longe ou pode logo quebrar a cara. Pessoas como Richard Branson, Elon Musk ou Eike Batista são bons exemplos dessa atitude *risk taker* assumida. São pessoas que arriscam seus negócios ao limite, dirigem quase sempre em alta velocidade, sentem que não precisam fazer check-up e têm menosprezo por quem é mais temeroso ou conservador. Já quando apenas uma das crenças está presente, a coragem ou a ousadia é seletiva; depende do assunto ou tema.

Outro aspecto importante é como você introjeta ou projeta o que ocorre. Sempre que a crença em si mesmo é alta, qualquer problema é projetado para fora, para o outro. Dificilmente essa pessoa assume a culpa.

Não há dúvida de que crer em si é sempre bom, estimulante e reconfortante. Mas não é possível forçar essa crença. Acho que mesmo estimulá-la é uma tarefa inglória — é algo que você tem ou não. Pode existir a crença latente, que está presente dentro de você, mas ainda não aflorou. Isso é raro, mas acontece. Às vezes ela está adormecida pelo excesso de infortúnios, pela dureza da vida ou até pela desilusão emocional. E, de repente, ela ressurge e assume papel de destaque na vida daquela pessoa.

> O maior risco dos que têm crença, seja interna ou externa, é a perda da humildade. E com a Igreja pregando-a sempre, observa-se entre os crentes um certo orgulho de ser humilde.

Outra maneira de avaliar o índice de autoconfiança é a análise do *self atual* (o que você é) versus o *self ideal* (o que você acha que deveria ser). Segundo Carl Rogers, a distância entre o self atual e o self ideal é o que determina as pessoas a irem mais longe, ousarem mais ou exigirem mais de si mesmas.

ÍNDICE DE AUTOCONFIANÇA

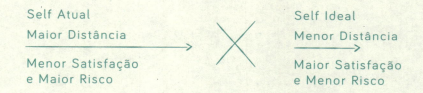

Se a distância é pequena, sua atitude é de pouca luta, baixo risco e menor sucesso profissional. Por outro lado, maior satisfação pessoal e menor índice de estresse.

Para grandes distâncias entre os dois selfs, a pessoa chega mais longe, luta mais, arrisca mais, mas também se frustra mais, e isso aumenta seu estresse e reduz muito sua chance de ser plenamente feliz e realizada.

A correlação entre uma curta distância entre os selfs e uma baixa autoestima parece clara, mas apenas em uma avaliação precipitada. Por outro lado, a maior distância entre os selfs também não comprova uma elevada autoestima, mas a tendência a tê-la também é cristalina, pelo menos em uma avaliação preliminar.

Por isso, pessoas são diferentes e se comportam de maneira multiplamente distinta. A dose de crença interna ou transcendente e a distância entre o self atual e self ideal formam uma equação de quatro incógnitas, que acaba gerando infinitas possibilidades de comportamento e atitude perante a vida.

NOVAS GERAÇÕES PARECEM QUERER CONSUMIR NADA E APROVEITAR TUDO

O mundo está valorizando cada vez mais a redução do consumo, sob o título de sistemas colaborativos, *sharing economy*, reciclagem, consumo consciente etc. Há uma clara tendência comportamental que todo mundo enxerga e um enorme risco à nossa frente que ninguém percebe: o perigo de desaceleração da espiral econômica.

Desde que o mundo é mundo, a humanidade fez um gigantesco esforço para sair da miséria. Foram milhares de anos trabalhando duro, produzindo o máximo e buscando sempre a superação dos limites.

Se retornarmos ao tempo do economista britânico Thomas Malthus e suas previsões catastróficas, desde então quintuplicamos a população e decuplicamos a alimentação, e, hoje, o problema principal não é a fome, mas a obesidade.

Na Revolução Industrial, os artesãos iam à falência por não conseguirem competir com a indústria nascente. Mas as indústrias também quebravam por não conseguirem manter a demanda estável. Até que vieram o marketing e a propaganda para estabilizar e promover o consumo constante e crescente.

Hoje, esse modelo de expansão econômica e produtiva está sendo questionado por razões ecológicas e ideológicas. Condena-se a produção desenfreada em nome do consumo consciente; estimula-se a reciclagem de tudo, buscando refrear o chamado desperdício; promove-se a economia colaborativa para que se aproveite de maneira otimizada o que já foi produzido.

Nada a obstar sobre essa visão considerada moderna e inovadora. O desafio, porém, é como ir nessa direção sem correr o risco de gerar um colapso econômico. E pouca gente parece estar preocupada com isso enquanto se fascina por modelos de negócio que vão ao encontro da cultura millennial, mas na contramão do que nos trouxe até aqui.

Vamos aos fatos: a indústria automobilística prevê uma redução drástica de suas vendas em função de *car sharing*, modelos de negócio tipo Uber e opções consideradas mais saudáveis, como a bicicleta. Essas últimas, por outro lado, são oferecidas para seu uso, e não para sua posse, reduzindo para um décimo suas vendas potenciais.

Alunos nas escolas são estimulados a transferir seus livros para alunos dos anos seguintes ao fim do ano letivo; música agora é comprada só em casos excepcionais; cada um deve levar sua sacola para o supermercado e todo o lixo de nossas casas deve ser dividido por tipo de material, para ser reciclado e reaproveitado.

Tudo isso tem merecido o apoio irrestrito da população, recebe atenção da imprensa e vai ao encontro da cultura do politicamente correto que tomou conta da sociedade. O bonito agora é consumir menos, reciclar tudo e dividir espaços em nome de uma sociedade mais consciente, justa e igualitária. Quem pode ser contra isso? Ninguém!

Mas, como toda ação gera uma reação, essa nova onda pode ter um preço e não somente recompensas. Cálculos ainda imprecisos e de difícil comprovação já indicam cerca de US$1 trilhão de decréscimo na geração de impostos como fruto dessas tendências conjugadas.

Muito do que hoje se prega como crise conjuntural da economia embute nela uma crise estrutural de modelo social que critica o consumo, estimulando o "ser" e condenando o "ter".

Cada automóvel ou camiseta não vendida significa empregos a menos, impostos reduzidos e suas consequentes restrições de investimento em educação, segurança e saúde.

Aproveitar tudo e reaproveitar o que der parece ser uma atitude inteligente. Mas precisamos avaliar o que isso trará como consequência no desemprego, no desinvestimento e na falta de estímulo ao crescimento.

As novas gerações parecem querer consumir nada e aproveitar tudo. Alguns até ridicularizam os que trabalham duro almejando algo e preferem buscar a felicidade e o bem-estar, em vez de se esforçar para possuir e conquistar. Querem ter nada e usufruir tudo, esquecendo-se de que, se não tiverem nada, nada será gerado, e a consequência disso poderá ser danosa para a economia.

> Desde o tempo das cavernas, a miséria nos espreita pela fresta da porta.

E se hoje estamos entrando em uma era de abundância foi graças a um modelo de economia e sociedade que agora começa a ser questionado. Fizemos um gigantesco esforço coletivo para gerar riqueza por meio do consumo e agora estamos questionando esse nosso caminho.

Se antes andávamos para não ficar no lugar, agora corremos para não sair desse mesmo lugar. E qualquer titubeio da sociedade, por meio de estímulos anticonsumo, pode nos fazer retornar a estágios anteriores que já nem imaginamos mais.

Dividir bicicletas e carros, economizar energia e reciclar matéria-prima trazem como consequência evidente uma melhora do ar na atmosfera e condições mais humanas de trabalho. Mas traz, também, outro efeito colateral momentaneamente invisível: uma redução da arrecadação tributária, menos postos de trabalho e menos investimentos em saúde e educação.

Um carro produzido a menos gera uma cascata consequencial de efeito redutor da produção, arrecadação e geração de valor. E o mesmo se dá com qualquer outro produto que se deixe de fabricar. Recentemente, na Alemanha, os cafés das grandes cidades passaram a abrigar aposentados dispostos a consertar eletrodomésticos velhos, enquanto clientes saboreiam suas infusões. Seriam máquinas e produtos que estão em um canto da nossa casa e que em breve acabariam trocados por novos.

Apesar do mérito inquestionável dessa proposta, que aproveita uma mão de obra competente, mas fora do mercado de trabalho, em médio prazo ela representa também a não produção de uma grande quantidade de novos produtos que, por sua vez, deixarão de gerar receita para a fabricante, emprego para trabalhadores e tributos para o governo.

Alguém poderia argumentar que o consumo continuado e desenfreado teria como limite a escassez de recursos naturais. Claro que essa deve ser uma preocupação, mas se trata de uma meia-verdade, já que a tecnologia tem nos mostrado que é possível ampliar a produtividade desses recursos indo muito além da avaliação atual.

Bactérias prometem produzir combustível limpo e ilimitado e a dessalinização dos mares já é um território dominado. Novos equipamentos reduzem o consumo per capita de energia e a nanotecnologia está chegando a nível molecular, permitindo em breve que se transforme materiais apenas rearranjando seus átomos. Além disso, o crescimento da população está decaindo, o que transforma visões apocalípticas de antes em mero exercício de retórica catastrofista que cria dificuldades para vender facilidades.

Ninguém, em sã consciência, pode ser a favor do consumismo irresponsável e desenfreado. Por outro lado, precisamos ficar atentos aos ventos de condenação do consumo como modelo econômico que ainda precisa se mostrar viável em longo prazo.

Talvez a sociedade encontre lá na frente novos modelos econômicos que se adaptem a essas tendências que observamos hoje. Há, porém, um risco subjacente de que as projeções mais modernas de convivência social e métodos inovadores de trabalho estejam embutindo em seu bojo um risco iminente de colapso econômico, que nos levaria de volta para uma nova Idade Média de consumo. Quem viver verá.

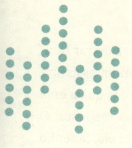

SÍNDROME DE KISSINGER

Essa história já tem algum tempo, mas nem por isso é menos atual e ilustrativa. Sempre que o então poderoso Henry Kissinger encerrava seus pronunciamentos nas coletivas de imprensa da Casa Branca, ele se dirigia aos jornalistas dizendo: "Alguém tem alguma pergunta para minhas respostas?"

Na verdade, ele já tinha as respostas que queria dar e estava apenas procurando perguntas que se encaixassem nelas. Apesar de, na época, cada um dos presentes nessas sessões saírem condenando com veemência o comportamento do chanceler, parece que a mania pegou e criou adeptos entre vários tipos de profissionais brasileiros.

Publicitários foram, de longe, os primeiros contaminados por essa doença conhecida como síndrome de Kissinger, que é caracterizada como total falta de empatia e capacidade de isenção.

Diretores de criação famosos ou desconhecidos, de agências grandes ou pequenas, muitos deles já têm o filme que querem criar na cabeça, e estão apenas esperando um produto que se encaixe nele. O seu "longa" de 30 segundos, com o qual vai brilhar entre os colegas, e talvez, um leão a mais no portfólio, tudo justifica essa atitude de "Alguém tem algum produto para o meu filme?".

Nos últimos tempos, parece que a doença começou a se alastrar também entre os jornalistas de nosso país. É cada vez mais comum assistir à televisão, ou ler nos jornais e revistas, algumas entrevistas nas quais essa manifestação aparece clara e cristalina: não interessa a sua resposta. O que importa é o que eu pretendo escrever ou comentar sobre ela. Já tenho um juízo de valor estabelecido sobre o assunto. Preciso apenas de uma sentença que confirme e ilustre a matéria.

Essa forma de construir conteúdo por meio do chamado "viés de argumentação" tem sido responsável pelo acirramento das tensões entre entrevistadores e entrevistados com perda de foco e natural piora da qualidade jornalística.

Em qualquer construção de teses, há uma natural transgressão da isenção em nome do reforço de posicionamento. Não deveria ser assim, mas o fenômeno é comum demais para ser considerado exceção.

Apesar de condenável por todos, é praticado por muitos, indo além da publicidade e jornalismo e chegando a atingir até os institutos de pesquisa que torturam os dados até que eles confessem alguma coisa, já definida a priori.

Em tempo de *fake news*, nada pior do que a mentira disfarçada de verdade. E infelizmente a polarização exacerbada da população está retroalimentando essa síndrome, que é perniciosa para a construção de uma sociedade justa e fraterna.

Ao agirmos como Kissinger em todas as manifestações culturais e informativas, acabamos gerando uma energia que transmite mais calor que luz. E isso tem um preço que já estamos pagando.

OS 7 ERROS DO JOGO DA SUSTENTABILIDADE

O ano é 2020 e as três moiras estão em frente à televisão. As três divindades responsáveis pelo destino dos homens têm reações distintas ao noticiário. Cloto, a quem cabe fabricar e tecer os fios de vida no tear, e Láquesis, que distribui seus destinos aos homens e deuses, ficam paralisadas. Já Átropos afia sua tesoura. Ela pressente que precisará cortá-los todos e lhe resta cumprir seu papel.

É questão de tempo. Quando o assunto remete à sobrevivência, não há recurso narrativo melhor que essas figuras da mitologia grega — as três fiandeiras do destino. E para entender o que podemos esperar delas, basta a cada um de nós responder a três perguntas-chave em relação à sustentabilidade:

1. Você acha que nos próximos anos teremos realmente fracassado na reversão das tendências de aquecimento global?
2. Isso se deve ao fato de a mudança climática não ser percebida como realmente grave?
3. O problema está na inviabilidade das mudanças socioeconômicas propostas como solução?

Se respondeu "sim" às três questões, convido-o a repensar essas respostas. Organizações e pessoas vêm movendo mundos e fundos para ser cada vez mais sustentáveis: reciclam lixo, economizam água e energia elétrica, priorizam a aquisição de insumos verdes, investem em iniciativas de promoção da biodiversidade. Tentam, se esforçam e não avançam.

Você não sente a mesma impotência em sua empresa? Se for sincero, sua resposta será afirmativa, assim como a minha. Por mais que a intenção seja outra, as medidas, na maioria, têm sido inócuas, como se tudo o que fizéssemos se tornasse um marketing em estilo *greenwashing* (ações que empresas realizam para "maquiar" seus produtos e serviços e tentar passar a ideia de que eles são ecoeficientes e/ou sustentáveis) diante da real dimensão do problema.

A minha visão disso é que estamos incorrendo em sete erros fundamentais na busca da sustentabilidade. Eu os aponto a seguir, em sete partes, e arrisco dizer que, se não os reconhecermos rapidamente e mudarmos nossa abordagem à questão, a moira Átropos poderá, em algumas décadas, utilizar sua tesoura, transformando a morte metafórica do planeta em realidade. Aqui está o primeiro erro:

#1 Afirmar que a solução para o aquecimento global depende de reeducar pessoas e empresas para que limitem seu impacto ambiental.

O raciocínio por trás da afirmação é o de que pessoas devem consumir menos e empresas precisam limitar sua produção, reduzindo as respectivas pegadas de carbono, as chamadas pegadas hídricas etc. Se conseguirmos ensiná-las a fazer isso, resolveremos todo o problema em que nos metemos.

Em primeiro lugar, em sã consciência, nenhuma solução que se pretenda rápida pode depender da aquisição de novos e tão viscerais hábitos por 7 bilhões de indivíduos, que é a população da Terra. Ainda mais quando estes pertencem aos mais diversos contextos sociais, econômicos e culturais. O fato de que os novos hábitos implicam perdas de padrão de vida e de renda só faz piorar as perspectivas de sucesso na implementação dessa mudança.

Se já é improvável que, por exemplo, todas as pessoas reduzam seu tempo de banho, um dos poucos momentos de relaxamento dos dias cansativos, é virtualmente impossível esperar de uma fornecedora de energia elétrica que peça à população para economizar luz. Isso equivale a ver a Apple recomendando que não se compre o iPhone. É possível, em sã consciência, acreditar verdadeiramente na viabilidade dessa transformação entre as empresas?

A única maneira de resolver o problema ambiental que enfrentamos é a inovação, seja tecnológica, seja comportamental. Presto atenção, por exemplo, ao futurista Ray Kurzweil, fundador da Singularity University, uma das principais usinas do futuro do mundo na atualidade, situada no Vale do Silício, na Califórnia. Sua aposta é a de que os preços da tecnologia por capacidade cairão tanto, e tão rápido, que até meados deste século todas as ameaças ambientais poderão ser revertidas com a ajuda desses meios, desde as energéticas até as alimentares, das que envolvem biodiversidade à água. Contabilizando hoje a água poluída e a salgada, sobra água para banhos demorados; portanto, caso as tecnologias para despoluir e dessalinizar sejam extremamente acessíveis, encaixam-se as peças desse quebra-cabeça. Ou não?

Agora, consideremos um cenário em que Kurzweil esteja enganado. Mesmo assim, vemos muita ação em outras usinas do futuro, instituições nas quais as pessoas se reúnem para projetar e construir o amanhã. Ainda raras no Brasil, são levadas a sério nos Estados Unidos e investem em múltiplas frentes de inovação pró-meio ambiente, como o Rocky Mountain Institute (RMI), instalado em plenas Montanhas Rochosas, no Colorado.

Seus painéis de captação de energia solar lhe garantem uma invejável conta de luz mensal, que não ultrapassa os US$5! Já pensou nisso?

O líder do RMI, o físico Amóry Lovins, projeta o capitalismo natural que substituirá de vez o modelo de negócio de venda de bens pelo de fluxo de serviços — ou seja, em vez de vender lâmpadas, as empresas venderão iluminação. Tudo isso sem falar em como a internet e toda uma população em rede já vêm reduzindo imensa e imperceptivelmente os impactos do homem na natureza. Lembra-se, por exemplo, de quando uma pessoa tinha de ir a várias concessionárias de automóveis antes de escolher um carro para comprar? Já imaginou quanto gás carbônico tal consumidor emitia então? Agora, toda essa pré-pesquisa é feita no computador de casa, no aperto de teclas.

E aí fica uma pergunta: a internet é, principalmente, uma inovação tecnológica ou comportamental? Fico com a segunda opção. A revolução digital alardeada aos quatro ventos constitui, sobretudo, uma revolução humana apoiada em ferramentas digitais. Afinal, eu altero meu processo de escolha para adquirir meu próximo carro ou meu próximo livro. E essa inovação comportamental poderosa não tem nada a ver com restringir hábitos de produção e consumo, e sim com fazer diferente o que todo mundo faz igual.

Exemplos triviais de inovação comportamental são os de pessoas que almoçam em horário alternativo e o de um restaurante que reduz os preços do cardápio em horário diferenciado para atrair maior clientela. Em São Paulo, conseguir mesa em restaurante entre 12h e 15h é um sufoco, mas o local fica vazio no intervalo entre o rush dessa refeição e o início do jantar. Em outras palavras, temos uma estrutura grande e cara que fica às moscas, sem uso, em 18 das 24 horas do dia. E eu lhe pergunto: que tal inovar aproveitando essa capacidade ociosa? Pois esse tipo de inovação ainda nem começou.

Viver em Cidades Menores é a Solução dos Nossos Problemas?

• • • •

Vamos explorar agora o segundo erro fundamental na busca da sustentabilidade.

#2 Convocar os habitantes do planeta a descentralizar-se e reorganizar-se em cidades menores, argumentando que as megalópoles são as maiores vilãs do clima.

Quem acompanha o noticiário e as declarações de líderes políticos e ambientalistas não tem dúvida: cidades grandes são os bandidos desse faroeste climático, entre outras razões, porque boa parte da emissão de gás carbônico causadora do efeito estufa vem de seu típico trânsito caótico. O fenômeno é sinalizado pelo estímulo dos governos, ainda discreto, à redistribuição da população em cidades de menor porte. E se eu disser que é preciso fazer exatamente o contrário, concentrando ainda mais os habitantes do planeta em megacidades?

Que as megalópoles atuais são disfuncionais não se discute. Que contribuem negativamente para a saúde e a qualidade de vida de seus moradores, idem. Ao contrário do que reza o senso comum, no entanto, essas características não são intrínsecas às grandes cidades. Quase todos os argumentos contrários às elevadas concentrações urbanas procedem em nossa realidade cotidiana, mas são questionáveis em sua essência.

Se a ideia é controversa, não a trago à baila sem fundamentos sólidos. Quase toda a responsabilização das megalópoles pelos problemas ambientais parte, talvez inconscientemente, de uma descoberta que o cientista suíço Max Kleiber fez no começo do século XX. Ele comprovou, em uma relação matemática, que, quanto maior um organismo vivo, mais lento é seu metabolismo.

Assim, um golfinho é mais rápido do que uma baleia e um elefante se movimenta muito mais devagar do que uma pulga, ideia tão popularizada que vem sendo aplicada, na forma de metáfora, a organismos vivos "honorários", construídos pelos seres humanos, como cidades e empresas.

Quem de nós não dá como certo que uma startup (pulga) tem agilidade muito maior do que uma corporação (elefante)? Pois, da mesma forma, o metabolismo lento constitui a explicação perfeita para a não fluência do trânsito testemunhada em superorganismos vivos como São Paulo, Rio de Janeiro, Londres ou Nova York.

Ocorre que a explicação é perfeita, mas insuficiente. O alerta vermelho para o raciocínio vem do físico teórico Geoffrey West, que já presidiu o Santa Fe Institute, uma das principais usinas do futuro norte-americanas ao lado do Rocky Mountain Institute e da Singularity University, e também da CalTech, do Media Lab, do Massachusetts Institute of Technology (MIT), da Long Now Foundation e do Institute for the Future. Na investigação de West, a lógica de Kleiber foi confrontada por um detalhe pequeno, porém relevante: quanto maior a cidade, mais inovadora ela é. West até mensurou a inovação em produtos e serviços e concluiu que uma cidade de 5 milhões de habitantes é, em média, 3 vezes mais criativa do que uma de 100 mil.

Esse fenômeno levantado por West tem recebido a atenção de muitos estudiosos, como Parag Khanna, que esteve recentemente no Brasil, e o biólogo Stuart Kauffman, que desenvolveu a interessantíssima teoria do potencial adjacente. No paralelo com o cérebro humano que ele traçou, entende-se melhor do que se trata: se nossos neurônios (100 bilhões, aproximadamente) não se conectassem com outros a seu redor em sinapses (estes com mais outros adjacentes, e assim sucessivamente), seriam inúteis. É a rede de conexões neurais, estimadas em 100 trilhões, que gera o raciocínio. O potencial adjacente é, em termos leigos, o que um neurônio toma emprestado do neurônio vizinho quando se conecta com este. Quanto maior o potencial adjacente, mais sofisticado o raciocínio.

Em uma cidade grande, a possibilidade de conexões é evidentemente maior. Quantas conexões não são feitas em um trem metropolitano lotado no retorno do trabalho para casa? E no saguão do aeroporto? A conexão não depende de conversar com outras pessoas; basta ouvir conversas de passagem, ver imagens diferentes, tudo isso é gatilho para sinapses. Locais cheios de gente podem ser desconfortáveis, mas são profundamente estimulantes para o cérebro humano. E se a cidade tiver diversidade cultural, de etnias, credos e costumes, mais gatilhos de inovação ela vai disparar em nossa mente.

Uma das desvantagens competitivas de nações muçulmanas, e até de alguns países europeus, é justamente sua cultura homogênea, que reduz seu potencial adjacente. Países como os Estados Unidos e o Brasil, ao contrário, extremamente heterogêneos, têm esse potencial amplificado — às vezes, não nos damos conta de que a sociedade brasileira é altamente inovadora, haja vista o velho e bom exemplo da organização do Carnaval: uma festa feita integralmente por gente simples e de parcos recursos financeiros e educativos e que é capaz de realizar com perfeição a maior festa popular do mundo.

As grandes cidades têm um acervo de informações acumuladas que amplifica o raciocínio humano e aumenta as probabilidades de inovação. Isso tem nome: *exteligência*. Temos, todos e cada um de nós, inteligência, mas pode-se dizer que chimpanzés e golfinhos também a têm em certa medida. O que realmente nos separa dos animais é a exteligência, o conjunto das informações acumuladas.

Houve um tempo em que a exteligência se concentrava no clero, como sabe quem leu o romance *O Nome da Rosa*, de Umberto Eco; todo o restante da população apenas trabalhava, comia e dormia. Essa exteligência se estendeu aos nobres há aproximadamente 300 anos.

Há 100 anos, ficou acessível aos ricos em geral, fossem donos de títulos nobiliárquicos ou burgueses. Trinta anos atrás, disponibilizou-se a todos que viviam em grandes centros urbanos e, há uns 10 anos, com a internet, amplificou-se sobremaneira — hoje, qualquer pessoa do mundo usufrui a exteligência da Biblioteca do Congresso Nacional norte-americano, em Washington, ao simples toque de um botão.

A internet, especialmente com suas redes sociais, também gera potencial adjacente, mas está longe de replicar, ou mesmo de substituir, a capacidade existente em uma megalópole de estimular sinapses. As inovações tão necessárias para resolver o desafio climático continuam dependendo das grandes concentrações urbanas.

A descentralização populacional, por sua vez, tende a fazer com que mais áreas naturais sofram o impacto do homem. Há sentido nisso? Não é melhor preservar praias, florestas, rios e seus recursos, tornando-os apenas destinos de férias?

A resposta não está em extinguir as grandes cidades, mas, ao contrário, em aumentar seu número. Para tanto, basta viabilizá-las. Impossível? Não. Apenas é preciso parar de pensar em termos de rodízio de veículos e inovar com um rodízio de vidas. Lembra-se do horário alternativo do restaurante? Talvez esteja aí a resposta.

> Governos precisam inovar para reinventar o trânsito. Que tal usar incentivos econômicos?

Vamos analisar a seguir o terceiro erro no qual estamos incorrendo na busca da sustentabilidade:

#3 **Partir do princípio de que o atual sistema de transporte é responsável pelo problema e deve ser substituído por novas estruturas mais adaptadas ao meio ambiente.**

A fim de tentar reverter o estressante cotidiano das cidades grandes e reduzir seu impacto ambiental, os governos costumam propor mais transporte coletivo — com biocombustível —, instituir o rodízio de veículos e multas educativas a seus usuários e construir mais avenidas e pontes com materiais ambientalmente corretos. Essas medidas não têm surtido efeito. Londres e Nova York têm dois dos melhores sistemas de transporte público do mundo e aplicam multas de trânsito, que, mesmo assim, continua enlouquecedor.

O agravante é que essa visão transforma o trânsito em uma luta de classes: as elites socioeconômicas, que possuem a maioria dos carros, são apontadas como as principais culpadas, mas as classes A, B, C e D sofrem com o trânsito de maneira igualitária, pelo prejuízo da produtividade, pelo aumento da violência em função do estresse e das oportunidades que os engarrafamentos oferecem aos malfeitores e pela ameaça à saúde, uma vez que o trânsito inviabiliza, por exemplo, o socorro imediato em casos de emergência.

O trânsito constitui o sistema circulatório do superorganismo vivo que é uma megalópole. E, quando o sistema circulatório está com problemas, todo o resto do corpo se sujeita a reduções de eficiência ou colapsos. Precisamos passar a enxergar o trânsito como sintoma de uma doença que afeta todos os órgãos desse ser vivo, comprometendo seu funcionamento, e curá-la.

Só que a ideia de que essa cura passa por ampliar a infraestrutura viária e de transporte público das cidades soa absurda demais.

Se a infraestrutura está subdimensionada para as necessidades atuais, tende a estar absolutamente superdimensionada para a necessidade daqui a 20 anos. Por quê? É simples: a capacidade existente é totalmente consumida por mais ou menos quatro a seis horas do dia e fica ociosa nas 18 a 20 horas restantes. Há um completo desperdício de infraestrutura, porque os hábitos e horários de todos os habitantes são rigorosamente os mesmos. Basta ver que 10 milhões de pessoas em São Paulo saem para trabalhar ou estudar exatamente no mesmo horário e direção, e depois voltam todas juntas para seus locais de origem.

No intervalo entre ida e volta, são aproximadamente oito horas de ônibus, trens e metrôs quase vazios. Faço o mea-culpa também. Revendo minha agenda semanal, vejo que fiz uma dúzia de reuniões e que pelo menos sete delas poderiam dispensar deslocamento e ser realizadas a distância por videoconferência, Skype, Zoom ou mesmo com um simples e arcaico telefonema. Que razões me levaram a enfrentar imensos congestionamentos, que acarretam tanta perda de tempo? Identifiquei três grandes conjuntos de razões para essa tendência doentia de transportar nosso corpo para outros locais:

1. A falta de infraestrutura digital barata e confiável nas duas pontas do diálogo. A boa notícia é que a tecnologia para isso já existe no mercado, ela apenas não está devidamente implementada nos locais de trabalho.

2. A inexperiência com reuniões a distância, que exigem nova postura. É uma questão de cultura e atitude, seja no ato de apresentar, seja no ato de se portar.
3. A dificuldade das pessoas em quebrar paradigmas. Todos nós pensamos no que é, e não no que pode ser, porque repetir comportamentos nos traz segurança e conforto mental.

Como superar essas condições limitantes que nos fazem gerar mais e mais trânsito, dificultando terrivelmente nossas vidas e aumentando nossas pegadas de carbono? Com inovação. E, nesse caso, a principal inovação deve caber aos governos, que precisam voltar a ser governos e reassumir seus papéis de dar os rumos à sociedade.

Em São Paulo, a prefeitura conseguiu mudar muitos comportamentos com leis, desde a que aboliu os outdoors publicitários para reduzir a poluição visual até a que proibiu as pessoas de fumar em estabelecimentos públicos fechados, passando pela que implantou o rodízio de veículos. Não é verdade? Isso até desautorizou a sabedoria popular: leis "pegam", sim, no Brasil, contanto que façam sentido.

Boa parte das inovações governamentais necessárias para reinventar o trânsito das megalópoles nem deve requerer proibições legais; apenas incentivos econômicos talvez bastem. Vale lembrar, por exemplo, que um aparelho de videoconferência hoje é sobretaxado como produto de luxo, quando poderia ter isenção fiscal. Uma alíquota menor do Imposto sobre Circulação de Mercadorias e Serviços (ICMS) para compras online também contribuiria para a redução do trânsito, assim como desconto no Imposto Predial e Territorial Urbano (IPTU) para quem mora a menos de três quilômetros de distância do trabalho.

A lista de possibilidades é infinita; experimente fazer a sua. A minha inclui ainda estradas abaterem pedágio depois da meia-noite, aeroportos darem desconto em taxas aeroportuárias para incentivar voos de madrugada, escolas revezarem os períodos de férias, o que, de quebra, também induziria o melhor aproveitamento do potencial turístico, acabando com a lógica das altas temporadas de janeiro, fevereiro e julho.

Tudo isso é inovação. Tudo isso aumenta a sustentabilidade. É um planejamento complexo? Sim, basta pensar na coordenação das férias de pais e filhos. Entretanto, é factível, principalmente por conta das tecnologias que temos à nossa disposição. Nesse novo contexto, o trabalho remoto será cada vez mais importante. Não que o trabalho presencial deva ser totalmente abolido — ele é crucial para criar vínculos —, mas, se a presença no local de trabalho fosse considerada complementar, isso seria um senhor facilitador de todas essas transformações.

Dizem por aí que tecnologia e sustentabilidade são incompatíveis, excludentes. Trata-se de uma falácia das mais perigosas, porque, em vez de nos aproximar da solução, coloca-nos ainda mais longe dela. A verdade está no extremo oposto: é a tecnologia que tem as maiores chances de tornar o planeta realmente sustentável.

> É hora de rever a nossa visão distorcida do ato de consumir.

Até aqui, já analisamos três dos nossos erros fundamentais em busca da sustentabilidade: tratar a solução do aquecimento global como uma questão de reeducação da população e das empresas em relação ao seu impacto ambiental; a falácia de que viver em cidades menores é a solução; e a necessidade de os governos inovarem para reinventar o trânsito.

Agora, vamos discutir o quarto erro fundamental no qual incorremos:

#4 Defender que temos de reduzir a produção e o consumo, ou seja, estabelecer um patamar de desempenho inferior para a economia e os negócios.

Atualmente, as pessoas da classe C podem viajar de avião. No entanto, são obrigadas a fazê-lo com a consciência pesada, porque aviões poluem o planeta. Uma ordem inconsciente determina que não consumam e restrinjam suas viagens. É uma insensatez e uma crueldade dizer que "a festa acabou" aos recém-chegados. E lembre-se de que, em uma perspectiva mundial, eles são muitos.

A real busca ecológica não pode passar por evitar o consumo: trata-se de uma injustiça histórica — e de um contrassenso total. Devemos, isto sim, incentivar uma nova maneira de consumir, que leve em conta os resultados do ato de consumo, o que venho chamando de "consumerismo", para diferenciar de "consumismo". Já existe a tecnologia que induz o consumo com mais responsabilidade, que está tanto nas geladeiras que consomem menos energia elétrica quanto nos carros elétricos.

Um exemplo é o que a iniciativa privada está fazendo em Paris: disponibilizando carros elétricos em pontos estratégicos, que podem ser alugados apenas para um percurso e deixados em pontos predefinidos. Isso sem falar da Uber, que racionaliza o uso do transporte público individual apesar de toda a batalha em torno dela. É a união da inovação tecnológica com a inovação comportamental: custam mais barato do que andar de táxi ou do que ter um automóvel próprio, são mais confortáveis do que o transporte público e poluem menos. A solução não é o parisiense parar de se movimentar, mas se movimentar de maneira mais inteligente.

É fato incontestável que as empresas dependem do permanente crescimento dos negócios para se manter e gerar empregos. Isso significa que as economias como um todo dependem do motor representado pelo consumo — por que outra razão os governos criariam mecanismos de incentivo ao consumo quando há uma recessão em curso?

A abordagem ao consumo requer inteligência, responsabilidade e, por que não dizer, coerência. Por exemplo, os governos tendem a incentivar o consumo na recessão e a restringi-lo quando a economia se acelera, o que, se faz sentido na visão econômica, é esquizofrênico do ponto de vista comportamental. As pessoas têm de passar a receber orientações únicas e coerentes para que consigam rumar sempre na direção correta.

Em suma, o mundo precisa rever com urgência sua visão distorcida do ato de consumir. A consciência ecológica deve vir por meio da evolução, e não da restrição; pelo aumento do conforto e da qualidade de vida, e não pela perda contínua de tudo isso. Só assim uma mudança — qualquer mudança — será possível.

> A genética, a nanotecnologia e a robótica ainda vão provocar transformações muito além da nossa limitada imaginação.

A tecnologia já se infiltrou em nossas vidas há muito tempo, e a tendência é que ela ocupe cada vez mais espaço. No entanto, não estamos nem perto de atingir todo o seu potencial para nos auxiliar no dia a dia e trazer possíveis soluções para os problemas climáticos.

Partindo dessa ideia, vamos analisar o quinto erro fundamental na nossa busca pela sustentabilidade:

#5 Crer, acima de qualquer dúvida, que todas as inovações possíveis para reverter o problema climático já foram desenvolvidas.

Pela lógica reinante, mesmo se implementássemos em larga escala todas as inovações possíveis, nem assim os problemas ambientais que enfrentamos estariam resolvidos. O leitor concorda com essa visão? Eu não. A inovação pró-sustentabilidade mal começou, seja a tecnológica ou a comportamental.

Imagine o efeito que teria a operação de diversos negócios em diferentes horários alternativos, sob influência de incentivo fiscal: agências bancárias que abrissem só à tarde ou à noite; comércio que não funcionasse antes das 11h; escritórios que passassem a trabalhar em três turnos, como a indústria; restaurantes que servissem refeições fora de hora etc.

Em todos esses casos, seria fundamental uma revisão das leis trabalhistas, extinguindo o pagamento de adicionais por trabalho noturno e outras regras rígidas que hoje norteiam a relação empregado-empregador. Está mais do que na hora de deixar de ver isso como exploração do trabalho pelo capital e entendê-lo como política de sustentabilidade. É algo viável, contudo, se houver vontade política.

No que diz respeito à inovação tecnológica, então, nem chegamos perto de desenvolver todas as soluções possíveis. Você sabia que os computadores "evoluem" e já resolvem problemas técnicos sozinhos? A tal computação evolucionária produz designs altamente funcionais que os seres humanos jamais conseguiriam criar.

Especialistas em robótica da Cornell University, dos Estados Unidos, aplicaram a técnica a um projeto de robôs com novas capacidades de movimento, por exemplo, e o resultado foi uma forma inexplicável: um corpo triangular com nove patas, seis das quais sempre tocam o piso e permitem movimentos otimizados em terrenos escarpados; assim, o robô se reorganiza quando está próximo de cair.

Outra tecnologia maluca para o senso comum está nos modelos de computação que conseguem identificar "fenômenos emergentes", como são chamadas as propriedades ou os processos de um sistema que não podem ser reduzidos às propriedades ou aos processos de suas partes constituintes. Se nem os cientistas sabem ao certo por que tais fenômenos acontecem, como ter certeza de que essa condição, já identificável, não poderá ser utilizada em breve a favor do meio ambiente?

Tais tecnologias absurdamente inovadoras não são delírios futuristas: elas já estão sendo aplicadas à eletrônica, à biologia, à psicologia, à química. É tolice crer que já foram desenvolvidas todas as inovações possíveis. A confluência GNR, de genética, nanotecnologia e robótica, como a chama Ray Kurzweil, provocará transformações que vão muito além de nossa limitada imaginação.

> A verdadeira reciclagem que precisa ser feita não é a de lixo, mas a de ideias.

Uma ideia muito comum que ronda a sustentabilidade é a de que a reciclagem de lixo é a grande solução para o problema climático. Fomos convencidos da falácia de que a coleta seletiva basta para a diminuição do excesso de lixo no meio ambiente. Essa crença não poderia estar mais errada.

Vamos ver agora o sexto problema fundamental da busca pela sustentabilidade:

#6 Pressupor que parar de desperdiçar e começar a reciclar tudo em larga escala bastará para resolver todo o problema.

Peço licença agora para quase cometer um pecado ou, no mínimo, dizer uma infâmia, mas substituir saquinhos plásticos de supermercado por sacolas ecológicas de pano ou fazer impressos em papel reciclado são algo próximo de uma piada. Não apenas pela falta de rigor no conceito de sustentabilidade envolvido nesses dois casos, em que a produção da opção sustentável embute, em geral, processos com elementos muito menos sustentáveis, mas também porque isso não faz nem cócegas no desafio climático, que tem dimensões gigantescas — tampouco faria se fosse adotado pelo mundo inteiro.

Conceitos como desperdício e reciclagem estão muito mal definidos por nossa sociedade e são absolutamente periféricos em sua compreensão atual.

Desperdício, em minha opinião, é impedir que dezenas de inovadores, Einsteins e Mozarts, surjam todos os dias, porque eles não têm acesso à educação e à informação, nem a chance de mostrar seu trabalho. Felizmente, esse quadro tem sido melhorado pela internet e pelas megacidades.

Por sua vez, a verdadeira reciclagem que precisa ser feita não é a de lixo — que ameniza o problema, mas não o resolve —, mas a de ideias.

Sim, ser sustentável é reciclar ideias. Quer um ótimo exemplo? A Santa Rita High School, nos Estados Unidos, para ficarmos no âmbito da educação. Para garantir a qualidade do ensino, ela reciclou uma ideia: os alunos fazem lição de casa juntos, na escola, e têm aulas sozinhos, em casa, a distância. A escola entendeu que é na discussão da lição de casa que o aprendizado um com o outro, em grupo, faz diferença. O mesmo pode ser dito sobre o método de cobrança dos médicos. Nós, do mundo ocidental, poderíamos reciclar nossa ideia a esse respeito com os chineses e passar a cobrar dos pacientes quando eles estão com saúde, não quando ficam doentes, já que a missão dos médicos é manter a saúde.

Parabenizo todos que evitam desperdícios e se esforçam para fazer reciclagem, e não nego que sejam louváveis os esforços que cada um tem feito para reeducar-se; apenas acho que estes podem ser muito mais eficazes se forem dirigidos principalmente ao que pode atacar o problema de fato. Insisto e repito: o foco deve ser em *inovação*.

> Todos os paradigmas devem ser questionados.

Até agora, falamos sobre o aquecimento global, o impacto das grandes cidades, como os governos e a população devem reinventar o trânsito, consumo inteligente, como a tecnologia pode causar transformações muito além do que imaginamos e sobre o real problema da reciclagem.

Para finalizar minha análise sobre os sete erros que cometemos na busca da sustentabilidade, trago agora o sétimo e último deles:

#7 Confiar que o diagnóstico atual é definitivo e que os heróis e vilões da sustentabilidade estão corretamente identificados.

Tenho certeza de que o diagnóstico atual está errado e que ninguém percebeu ainda quem é o principal vilão: o modelo mental, o atual *paradigma*. Continuamos a repetir que uma rede de metrô com maior capilaridade nas grandes cidades seria a solução de todos os males, quando isso não melhora o congestionamento, apenas o redistribui, já que as pessoas precisam se dirigir da estação para seus locais de trabalho e moradia. Seguimos dizendo que é melhor acabar com as grandes e inviáveis cidades, quando elas são a fonte de inovação por excelência, e inovação é nossa melhor aposta para fazer o planeta sobreviver. Insistimos, os mais "conscientes" de nós, em tomar banhos rápidos e em reciclar lixo, quando isso nem de leve modifica o problema.

Somos como aqueles elefantes de circo que, quando filhotes, são presos em estacas e, ao virarem adultos, continuam submetendo-se à frágil cordinha por acreditar que não conseguem arrancá-la. Obedecemos todos a estacas imaginárias, mesmo com a profusão de provas contrárias. Se você não gosta de ser comparado com um elefante, pode mirar-se em um sapo e sua pecilotermia: em uma panela de água no fogo, o sapo morre cozido porque não percebe que a temperatura está se elevando para pular fora a tempo.

O momento é privilegiado para mudarmos os paradigmas. Estamos vivendo um *tesarac*, conceito cunhado pelo escritor americano Shel Silverstein, que designa uma espécie de dobra na história, em que se destroem os paradigmas — sociais, culturais, econômicos — e colocam-se outros no lugar. Enquanto o tesarac ocorre, a sociedade mergulha no caos e na confusão, até que uma nova ordem a recomponha. A Renascença e a Revolução Industrial são dois exemplos de tesaracs, quando todos os paradigmas foram questionados.

Também podemos recuperar, no meio dessa transformação, o leme de nossa vida. Você reparou como estamos cada vez mais saindo para trabalhar e estudar e ficando em casa para nos divertir? A tecnologia disponível permite inverter essa tendência lamentável, levando-nos a trabalhar e estudar em casa e a sair para nos divertir.

Um novo paradigma de sustentabilidade é a utilização otimizada de todos os recursos, evitando desperdícios, o que implica o aproveitamento máximo dos recursos da infraestrutura disponível utilizando absolutamente tudo o que ela pode dar, sem a necessidade de produzir mais. Somente as inovações tecnológicas e comportamentais, de rodízio de vidas, podem efetivamente proteger o planeta e todos nós.

Não sou biólogo, físico ou economista. Tampouco sou político, como Al Gore. Sou publicitário, e talvez por isso possa ser confundido com alguém que quer manter o status quo consumista. Atuando como Mentor de Estratégia e Inovação em grandes agências, além de especialista em tecnologia e inovação, minha ótica sempre foi mais sociológica e comportamental, que comercial. Considero-me, na verdade, um evangelista, como já me definiu a revista *HSM Management* — explicando que, no universo empresarial, chama-se de "evangelista" quem se incumbe de buscar enxergar o futuro e preparar pessoas e recursos para enfrentá-lo.

No entanto, mesmo que não tivesse de estudar e desenhar o amanhã por descrição do cargo, o que faço noite e dia, eu me consideraria no direito de dividir minhas ideias com você e fazer essa provocação em larga escala. Por duas razões: a primeira é que sou brasileiro, nascido e criado em uma sociedade extremamente criativa e adaptável, que poderia ser uma das líderes dessas mudanças de que o mundo tanto precisa e infelizmente não o é; a segunda é que, acima de tudo, sou um cidadão que tem descendentes e se preocupa com o futuro deles.

Hoje, quando penso nas netas das minhas netas, pergunto-me, por exemplo, sobre que tipo de conto de fadas elas ouvirão em um cenário futuro em que nossa sociedade tenha reduzido drasticamente a produção e o consumo, seguindo as presentes recomendações da Conferência do Clima da Organização das Nações Unidas. Será a história da princesa triste que não podia ter um vestido bonito para a festa, nem uma carruagem galante, nem mesmo um palácio e uma festa na qual dançar com um príncipe? Se for assim, as moiras terão se transformado irremediavelmente em bruxas más.

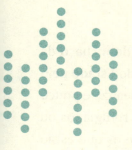

TRUMP VENCEU, E O TRUMPISMO MERECE MAIS ATENÇÃO

O mundo acordou frustrado e aterrorizado naquele 9 de novembro de 2016 com a vitória de Donald Trump na noite anterior. Afinal, a reação das bolsas e os comentários nas redes sociais indicavam ser um desastre a vitória de alguém tão polêmico, misógino, xenófobo e radical na maior potência do planeta. Mas, apesar da imensa torcida contrária e do maciço apoio das celebridades e da mídia em geral, não podemos apenas desprezar e criticar os milhões de votos que ele recebeu em praticamente todos os estados da federação.

Foi uma vitória dos republicanos com sinalização muito clara de que um enorme fenômeno social está ocorrendo e merece nossa atenção. A população parece ter cansado da "ditadura" do politicamente correto, da defesa exagerada das minorias e de que a visão mais socializante e paternalista do Estado deve prevalecer sobre a meritocracia e a defesa dos direitos individuais. Tudo isso começa a ser questionado.

Em nenhum momento podemos afirmar que Donald Trump representa genuinamente isso tudo. Sua vitória foi apenas um catalisador para todos os descontentes com os caminhos, as crenças e as regras que a sociedade está a nos impor.

Parece haver um cansaço dos políticos, da burocracia, do inchaço da máquina pública, do aumento de impostos e da existência do Estado pelo Estado. As pessoas estão fartas de uma cultura que tudo idealiza e pouco realiza. Ninguém pode ser contra a ajuda humanitária aos refugiados ou ao direito das minorias, mas trata-se de uma disputa entre os que estão preocupados com o fim do mês contra aqueles que se preocupam apenas com o fim do mundo. E, sem a preocupação com o fim de mês, o fim do mundo pode chegar mais rápido.

Por isso, a essas pessoas que votaram em Trump, devemos somar os vitoriosos do Brexit e os que rejeitaram o acordo de paz na Colômbia. Podemos pensar que não há correlação entre esses fatos isolados pelo tempo e pela distância geográfica, mas, na verdade, eles têm tudo a ver.

Esse despertar da maioria silenciosa, que estava anestesiada em frente à hegemonia cultural e à valorização exacerbada dos millennials em detrimento da geração X e dos baby boomers pode ter algo de positivo. A reação dos nacionalistas contra os globalistas deve ser vista como representação de uma reação pendular que transforma o atual equilíbrio de forças e, por isso, merece uma avaliação profunda por todos nós que atuamos em comunicação. Republicanos venceram, democratas perderam, e, por mais difícil que seja para milhões de pessoas entenderem e aceitarem o resultado, isso é democracia. E a democracia, essa sim, precisa vencer sempre.

Em resumo, a vitória de Trump pode não ter sido boa para o mundo e para uma grande parte da população norte-americana, mas a ascensão do trumpismo e o grito dos calados por mais atenção deve ser encarada como positiva, pois cabe a todos nós buscarmos a equidistância salutar das pressões contrárias que regem a nossa história. É assim que manteremos a nossa nau seguindo em frente.

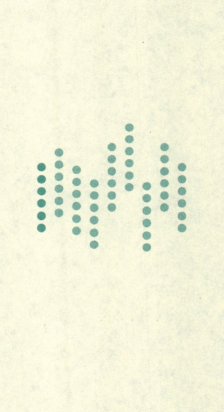

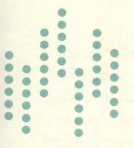

DE CABRAL A CABRAL

A história parecia zombar de todos nós. Pelo menos foi a impressão que deu ao vermos as imagens de capa da revista Veja na edição de 23 de novembro de 2016, com o ex-governador do Rio de Janeiro em trajes de presidiário.

A prisão de Sérgio Cabral não deve ter surpreendido ninguém. Bastava reler o que a imprensa cobriu nos últimos anos para entender as causas e as motivações do fato. O surpreendente é ser um país que, com mais de 500 anos de história, ainda tem gente importante nos dias de hoje se comportando como piratas e bucaneiros de antigamente.

Um Cabral descobriu o Brasil. O outro, descobriu um jeito de pilhar o Brasil. O primeiro saiu da Europa para trabalhar por aqui. O outro saiu daqui para se divertir na Europa. E o pior de tudo: à nossa custa. Um sonhava com uma nação rica e poderosa enquanto o outro ficava rico e poderoso às expensas da nação.

Os dois ficaram marcados na história do Brasil. O primeiro Cabral por descobrir, e o segundo por ser descoberto. Albert Einstein disse, certa vez, que coincidência foi o jeito que Deus encontrou de permanecer anônimo. Mas acho que essa coincidência é coisa do demônio.

As perguntas que devemos fazer para nós mesmos não são "por quê?" e "como?", mas "até quando?". Até quando o Brasil vai ser uma terra de aproveitadores e malandros? Até quando o povo brasileiro vai compactuar com a busca obsessiva da riqueza material e com a valorização respeitosa da indigência mental e moral? Até quando a nossa memória permanecerá curta, perdoando o imperdoável, aceitando o inaceitável e esperando que dias melhores venham?

Não podemos esperar resultados diferentes fazendo a mesma coisa, nem esperar políticos diferentes votando do mesmo jeito — nas mesmas pessoas. O que devemos esperar é que todo esse processo traumático e penoso que estamos atravessando seja, na verdade, a dor do parto de um novo país. E que nesse Brasil passado a limpo os vários hipócritas, dissimulados e demagogos sejam descobertos antes de assumir o poder, e não depois de deixá-lo.

Dizem que depressão é excesso de foco no passado, estresse é excesso no presente e ansiedade é excesso no futuro. No entanto, precisamos avaliar minuciosamente o passado, agir fundamentalmente no presente e construir vigorosamente o futuro, aprendendo a não nos deixar mais levar por populistas pilantras de qualquer matiz ou ideologia. Quando isso acontecer, essa, sim, será a grande descoberta do povo brasileiro.

AS PERSPECTIVAS DE NOSSO FUTURO ESTÃO EM NOSSAS MÃOS, E NÃO NAS DO GOVERNO

Todos que se arriscavam a avaliar as perspectivas da economia brasileira no final de 2018 faziam um exercício visionário buscando identificar como poderíamos gerir nossos negócios evitando os obstáculos e desafios de um ano eleitoral e aproveitando as oportunidades de uma economia em suave reaquecimento.

Roberto Abdenur, diplomata e ex-embaixador em Washington, disse recentemente em um programa de TV que há apenas duas pessoas cujas palavras têm impacto mundial: o Papa e o presidente dos Estados Unidos. E, na persistente disputa ideológica com a Coreia do Norte, Donald Trump, entre vários outros comentários histriônicos, disse que aquele país enfrentaria fogo e fúria, o que poderia ser caracterizado quase como uma declaração de guerra. Enquanto isso, a Bolsa de Nova York registrava altas memoráveis e recordes absolutos, chegando a 22 mil pontos.

Como se não bastasse isso, o mandato de Trump é denunciado como ilegítimo pela grande maioria da mídia mais favorável ao Partido Democrata, em função da propalada intervenção da Rússia na eleição norte-americana. Secretários e assessores diretos de primeira linha do presidente são derrubados da noite para o dia. Passeatas se acumulam em centenas de cidades. No entanto, a economia nos Estados Unidos nunca apresentou sinais tão positivos de evolução — acabando por surpreender com um crescimento expressivo nos últimos semestres.

Isso deveria nos ensinar algo e servir de inspiração: nosso futuro está em nossas mãos, e não nas do governo. O que vem por aí depende de nós, e não das autoridades de plantão. O que vemos na mídia deve servir apenas como dado relevante, e não como desculpa limitante. Fazemos uma evidente confusão ao lermos as manchetes. Elas são importantes instrumentos de informação, jamais instrumentos de gestão e decisão empresarial.

É bem verdade que, nos Estados Unidos, o presidente Donald Trump acaba tendo menos poder do que o ex-presidente Michel Temer tinha ou o atual, Jair Bolsonaro, tem por aqui, pois no Brasil, infelizmente, 45% da economia ainda estão nas mãos públicas, burocráticas e improdutivas do governo. E é claro que também precisamos mudar esse estado das coisas.

É essa gigantesca máquina de indicar, aliciar e favorecer que está hoje sob julgamento dos tribunais e da opinião pública. Precisamos e devemos privatizar quase tudo que for possível e colocar a iniciativa privada na cadeira de comando da economia.

Somos protagonistas, e não coadjuvantes, do progresso e do desenvolvimento. Mas, enquanto isso não se concretizar em toda sua extensão desejável, devemos relativizar o que lemos e focar o que fazemos. Quem muda o país e altera o destino dos negócios são nossas decisões e não as periódicas eleições.

A agricultura brasileira nos deu um exemplo notável de que isso é possível. Nenhum setor foi tão afetado por exageros e pressão dos que são contra a evolução do país quanto nossas fronteiras agrícolas. Quem não se lembra dos ataques destrutivos à Embrapa? E das milhares de invasões e incêndios em plantações por todo o país?

Isso sem falar da demagogia da reforma agrária cantada em prosa e verso até nas novelas da TV, a exagerada proteção às terras indígenas, a perseguição implacável aos transgênicos, que mais tarde, ficou provado, permitiriam a maior produtividade que hoje observamos.

Nada disso foi problema para fazer de nossa agricultura um exemplo para o mundo apresentando um crescimento exponencial e se transformando em um dos pilares que sustentam nossa economia.

Temos de reconhecer: a imprensa tem dado excessiva atenção a uma correlação biunívoca entre política e economia. Isso gera uma profecia autorrealizável: achamos que, enquanto não resolvermos os problemas políticos, a economia não vai andar. Essa crença limitante precisa ser revisada.

Nossa economia é pujante e diversificada. Nossas instituições nos deram exemplos de que estão aí para garantir um cenário estável de razoável segurança jurídica. E nossos empresários estão acostumados a trabalhar na instabilidade. Então está tudo bem? Não, longe disso.

Mas não podemos deixar que a instabilidade política, a disputa de ego entre poderes e o desejo de hegemonia de grupos de pressão decidam nosso destino e nosso futuro. Isso significa continuar trabalhando muito e focar mais a ênfase do que precisa ser feito, e não do que poderiam ter feito. E significa, também, menos atenção à política e a Brasília e mais atenção ao que precisamos realizar em cada uma de nossas cidades, fábricas e escritórios.

Sam Walton, fundador do Walmart, nos ensinou a ver a macroeconomia com uma lente mais precisa, relativizando sua importância e impacto. Certa vez, cansado de ser questionado sobre a recessão, a crise e o desemprego em uma das fases difíceis da economia norte-americana, Walton reuniu a imprensa e fez a seguinte declaração: "Tenho ouvido falar muito sobre crise e recessão ultimamente, mas fiz uma reunião com minha diretoria e resolvemos não participar." E foi pensando assim, e principalmente agindo dessa forma, que o Walmart se transformou na maior empresa de varejo do mundo.

Em qualquer país sério, um ano eleitoral é mero detalhe de calendário. Independentemente de quem vença a eleição, os negócios continuam, a vida segue em frente e as instituições garantem um controle razoável de quaisquer desvios de curso. Precisamos ter essa dimensão relativa da política para poder gerir nossos negócios com eficiência.

É verdade que, nas últimas décadas, muitos empresários se aproveitaram dessa proximidade com o governo e se enriqueceram do poder conivente. A Operação Lava Jato e todas as suas consequências nos acenam com uma nova dimensão moral e cívica para o país. E isso também é uma grande oportunidade que podemos aproveitar.

Até hoje, estávamos em uma guerra assimétrica, em que a competência e a eficiência acabavam sendo empanadas pelo conchavo e benesses a um bando de privilegiados e favorecidos. Mas isso mudou, ou está mudando. E a imprensa livre e democrática está tendo um papel fundamental nessa revisão moral do país.

Não haverá mais espaço para amigos do rei, e sim para amigos do ROI — *return on investment*. Podemos agora competir em pé de igualdade, sem favores escusos ou benefícios implícitos. É hora de trabalhar e esperar resultados pelo esforço e dedicação, não pela mão invisível da corrupção.

Como diria o Barão de Mauá: "O melhor programa econômico do governo é não atrapalhar aqueles que produzem, investem, empregam, trabalham e consomem!"

A verdade é que somos donos do nosso destino. E precisamos exercer esse direito e essa obrigação em nome de um país mais justo e mais promissor. Pessoas e organizações não devem apenas se preparar para o que vem por aí. Devem provocar e alterar esse caminho. Por isso, mais do que almejar ou tentar prever algo para este ano, devemos agir agora e transformá-lo na realidade que queremos. Essa é a nossa verdadeira missão.

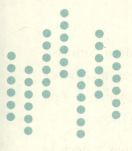

A DIFERENÇA ENTRE PROMETER E SE COMPROMETER

Início do ano é sempre um tempo de promessas. Vou emagrecer, procurar outro emprego, terminar a reforma, cuidar melhor da saúde, ler aquele livro ou fazer aquele curso etc.

Passamos umas duas ou três semanas cheios de planos e perspectivas que acabam ficando no meio do caminho e, ao final do ano, percebemos que quase tudo que foi prometido acabou não sendo realizado.

Por isso, a grande resolução de início de ano deve ser: prometer menos e se comprometer mais.

Mais importante que a *to do list* é a *not to do list*. Precisamos desenvolver a noção de que a mudança de calendário não altera nosso comportamento. A única coisa capaz disso é uma mudança interna de perspectiva. Tenhamos coragem de dizer não às vezes para nós mesmos. Sejamos compreensivos com nossas falhas e limitações, mas rígidos em relação às nossas tentações.

Cada vez que prometemos sem nos comprometermos, a isso se segue um sentimento de frustração e baixa autoestima que precisa ser evitado. Não adianta ser otimista na promessa sem ser realista na execução.

O mundo digital veio se somar ao analógico e o que sofreu com isso foi o tempo. Temos cada vez mais compromissos e atividades, e cada vez menos tempo. E, com menos tempo, é ainda menor nossa chance de realizar tudo que planejamos. Por isso, este deve ser o ano do foco.

Uma mudança de comportamento vem com o tempo, mas a decisão de mudar começa em um instante. Precisamos entender a diferença entre promessa e compromisso. E, por isso, prometer menos e se comprometer mais. Esse é o nome do jogo.

BRASIL, UMA DISTOPIA DEMOCRÁTICA

No plano biológico, entende-se por distopia a localização anômala de um órgão. Já em termos filosóficos, distopia significa "uma sociedade imaginária controlada pelo Estado ou por outros meios extremos de opressão, criando condições de vida insuportáveis aos indivíduos". E é esse segundo conceito que devemos levar em conta nesta análise.

Alguns traços característicos de uma sociedade distópica são: poder político totalitário mantido por uma minoria; privação extrema; e desespero de um povo que tende a se tornar corruptível.

Normalmente, são características atribuídas a ditaduras cujo poder inquestionável e concentrado gera situações como essa. Se pudéssemos observar ao nosso redor, teríamos o exemplo da Venezuela como uma nação que apresenta características de uma distopia bolivariana, que seria cômica se não fosse trágica.

Mas o Brasil, como sempre, inovou mais uma vez e conseguiu criar uma inédita "distopia democrática", uma sociedade livre que por meio do voto universal vai gerando as condições opressivas do tributo e da falta de segurança como vetores que incentivam a corrupção e um estado de espírito de "salve-se quem puder".

Essa verdadeira cleptocracia em que nos transformamos tem gerado em nosso povo inúmeras distorções de caráter que se traduzem em leniência moral, aceitação do inaceitável como condição rotineira, votação por interesse próprio aspirando benesses individuais e convivência bovina com as minorias ruidosas que estão sempre em busca de vantagens inconfessáveis.

Por tudo isso, estamos perdendo talentos e investimentos. Universidades públicas tiram dinheiro dos pobres para formar os ricos que depois evadem — não da escola, mas do país. Estamos assistindo a uma diáspora silenciosa de nossa gente mais escolarizada em busca de um futuro que aqui parece não existir.

Se analisarmos com atenção esse fenômeno, não há grandes diferenças entre os venezuelanos que se aglomeram nas praças de Boa Vista, em Roraima, e os brasileiros que se reúnem no Brickell City Centre, em Miami. É só uma questão de nível sociocultural em que estamos trocando ricos que falam português e vão embora por pobres que falam espanhol e estão chegando.

Essa aparente apatia dos que deveriam insurgir é a causa principal da distopia. Empresários que ainda acreditam no seu papel apenas como gerador de empregos e pagador de impostos, estudantes que fingem estudar sob a tutela de professores que fingem ensinar, entidades que focam seus interesses em detalhes comezinhos, perdendo a visão estratégica do todo, e uma liderança política dividida em três poderes que estão, neste momento, disputando quem pode mais.

Isso tudo é razão para desânimo? A resposta é não. Existem sinais evidentes de fadiga de material, surgem lideranças que parecem querer alterar o rumo das coisas e cidadãos comuns estão tomando consciência que do jeito que está não pode ficar, mas ainda se assiste a vitórias absurdas de grupos de pressão e benevolência com o privilégio e a manutenção do que precisaria ser mudado.

Estamos em uma balança que ora pende para um lado e ora para o outro. É nesse momento de equilíbrio instável que o peso de cada um de nós pode fazer a grande diferença no resultado. Não podemos aceitar a distopia e nem almejar a utopia. Precisamos, sim, ter uma noção clara que só com o trabalho árduo, a retidão moral e a consciência cívica será possível alterar esse estado de coisas.

SUSTENTABILIDADE É UM BOM NEGÓCIO

O assunto sustentabilidade tem colocado pessoas e empresas de lados opostos, em um verdadeiro cabo de guerra entre os que acreditam piamente na tese e os que a rejeitam com veemência.

Parece haver uma batalha diuturna de convicções que coloca de um lado a ONU, ONGs, globalistas e muitos cientistas, e do outro, céticos, nacionalistas, o próprio Donald Trump, alguns países em desenvolvimento e também vários cientistas e técnicos no assunto.

O tema deixou de ser tratado racionalmente e adquiriu viés de torcida ou disputa ideológica. E independente dos acordos já estabelecidos entre as nações, mesmo aquelas que assinam qualquer documento comprometido ou compromissado e juram segui-lo, há vozes dissonantes ou discordantes que fazem corpo mole e não priorizam a busca imediata de solução.

Sustentabilidade não é uma questão de opinião, marketing ou meios de produção, e sim uma questão de visão. Não é para ser apenas politicamente correto, e sim correto na essência, na genuína convicção de que precisamos fazer algo de diferente para fazer diferença. Sustentabilidade é uma crença, uma atitude e, principalmente, uma nova forma de encarar o mundo e o nosso papel nele.

O problema é que nesse assunto ainda há mais gente falando que fazendo, mais pessoas fazendo tipo que fazendo mudanças reais e verdadeiras. Afinal, nada mais "cool" que discutir o aquecimento.

Mas sustentabilidade é também um bom negócio. Empresas mais sustentáveis serão consideradas cada vez mais respeitáveis pelos consumidores. Há uma nova moral e uma nova ética que tomaram conta do mercado, e entender esse novo mundo passou a ser fundamental para corporações de qualquer tamanho.

O que antes era desejo agora é obsessão. O que antes era diferenciação ou posicionamento, transformou-se em obrigação. Era uma questão de consciência. Atualmente, é de decência.

Mas, paixões à parte, precisamos defender a sustentabilidade com responsabilidade. Não podemos ser sustentáveis em detrimento de empregos e do crescimento. Devemos respeitar sem inviabilizar, acreditar na autorregulamentação, e não apenas em sanção.

Emissão zero não pode representar ambição zero. Precisamos continuar crescendo, gerando empregos e consumindo. Não consumindo mais, e sim melhor. Não em detrimento do meio ambiente, mas sem sacrifício de tanta gente e tantos recursos.

O mundo precisa ser mais sustentável, mas o mercado também. Sustentabilidade é uma forma de melhorar o ambiente sem piorar os negócios — é também gerar retorno e garantir a perenidade das empresas, do trabalho e das comunidades. E, para isso, é preciso equilíbrio e muita criatividade.

> Ser sustentável não é apenas reciclar lixo ou matéria-prima. É reciclar ideias, rever conceitos e estar aberto ao novo.

No assunto de sustentabilidade, o governo tem um papel central. O papel de dar direção e não apenas controlar. A missão de inspirar e não somente vigiar e multar. Cabe a ele educar, explicar e compatibilizar os eventuais vetores contrários da economia e da ecologia.

O que fizermos hoje será sentido amanhã. Mas o que deixarmos de fazer hoje será sentido para sempre. Assim como na medicina evoluímos da fase curativa para a preventiva e, mais recentemente, para a fase preditiva, também devemos atuar e evoluir nos conceitos de sustentabilidade: recuperar as perdas já contabilizadas, preservar o que ainda temos e eliminar os riscos de prejuízos futuros ao planeta.

Por isso a importância de um esforço comum que reúna especialistas e empresários em uma soma exponencial de talentos e recursos em prol de um mundo melhor e mais justo. Hoje e amanhã.

VIAJAR: VOCÊ AINDA VAI QUERER EVITAR...

A sociedade sempre elege inimigos públicos de tempos em tempos. Já foi a gordura animal, o açúcar, o cigarro e, mais recentemente, o celular. E quando muita gente começa a abandonar o açúcar acreditando na tese surge um novo inimigo, que é o adoçante. Por outro lado, temos a turma antissódio, antiglúten e assim por diante. Na verdade, entre todos esses agentes do mal eleitos pela sociedade e pela mídia, alguns são unânimes enquanto outros se transformam em seitas de seguidores, e passam anos e anos causando controvérsia entre pessoas e na imprensa.

Dentro desse movimento pendular que anula reputações e resgata outras, como no caso do bom e velho ovo, podemos afirmar com certeza que o estresse será, em breve, considerado tão maléfico quanto hoje é o cigarro. E essa condenação será unânime tanto pela falta de dúvidas de seus malefícios quanto em função da extensão de seus danos.

A cada dia que passa fica mais claro que o estresse é o grande responsável por uma infinidade de doenças e males que afligem os habitantes das grandes cidades. Seja pela vida atribulada, pela pressão competitiva do mercado e até pela efemeridade dos fatos e das coisas, esse é um mal que atinge a população por inteiro, em graus diferentes de virulência. E ninguém está imune.

Quando uma pessoa está sob estresse, não só seu sistema imunológico fica prejudicado como também a sua capacidade de pensar e tomar decisões. Dentro do cérebro existe uma região chamada amígdala que é considerada o centro responsável por lidar com o perigo. Desde os tempos ancestrais, essa pequena porção de nossa massa cinzenta tem o poder de desligar o córtex pré-frontal e passar a comandar todas as funções do corpo na atitude de fugir ou lutar, conhecida como a aptidão de *fight or flight*. Por isso, quando sob estresse, qualquer um de nós deixa de pensar, racionalizar, formar juízo de valor e tomar decisões baseadas em critérios lógicos.

O termo estresse (de origem inglesa, *stress*) é originário da física e significa a força aplicada a um determinado material capaz de superar a resistência oferecida por esse mesmo material a fim de preservar sua estrutura. Ou seja, em termos biológicos, o estresse tem uma força inibidora capaz de superar a resistência do organismo na sua capacidade constante de se reequilibrar. A esse reequilíbrio automático e constante damos o nome de *homeostasia*. E a perda dessa capacidade pelo organismo tem consequências imediatas no sistema imunológico.

O principal agente inibidor do sistema imunológico gerado pelo estresse é o hormônio corticosteroide, que reduz drasticamente o número de linfócitos do sangue. Existem dois tipos de linfócitos: as células B, que produzem anticorpos capazes de destruir vírus e bactérias invasoras espalhando-se pela corrente sanguínea, e as células T, que se integram a uma célula do organismo no caso de algum agente externo a invadir, se multiplicam e destroem a própria célula invadida.

A supressão do sistema imunológico de curto prazo provocada por algum fator estressante de curta duração não traz riscos ao organismo, mas seu efeito prolongado pode ser devastador. E quando o estresse é apenas físico, psicológico ou emocional, o organismo resiste bem à pressão. O problema é quando esses três fatores de estresse se somam e atuam de maneira simultânea, potencializando seu efeito no sistema imunológico de nosso organismo.

Em breve, estaremos todos alertas quanto aos riscos do estresse e de seus agentes potenciais. Há uma verdadeira miríade de fatores desencadeantes de estresse, como o trânsito, a cultura corporativa e a pressão psicológica pelo sucesso e pela aparência. Mas, de todos esses fatores, de longe o que sofrerá mais ataques pela sua virulência exponencial em gerar estresse serão as viagens de turismo ou de negócios.

VIAJAR É ENFRENTAR O ESTRESSE EM 3D

Há uma falácia atual que define a viagem de turismo como um momento de relaxamento e redução de estresse. Nada mais enganoso. Viajar, independente de se a turismo ou a negócios, é um dos agentes mais poderosos de geração de estresse. E, no futuro, viajar será considerado tão danoso para nossa saúde como o cigarro é considerado nos dias atuais. Principalmente as viagens ao exterior, cada vez mais comuns aos cidadãos de qualquer classe social. A razão disso é que a viagem apresenta estressores tanto físicos quanto psicológicos e emocionais. Trata-se de um estresse em três dimensões que gera um efeito exponencial de agressão ao nosso organismo.

OS AGENTES ESTRESSORES DA VIAGEM

- A decisão: A decisão de para onde viajar — multiplicidade de opções e de opiniões.
- As reservas: O trabalho de reservar passagens, hotéis e transporte terrestre. Os diferentes trajetos, horários, hospedagens, sites de opinião de usuários, blogs de especialistas.

- O custo: A variação do câmbio e a indecisão de quanto levar. Desde o momento em que optou pelo destino, todo dia o coitado fica a acompanhar a flutuação do dólar ou da moeda daquele país. Reservar com antecedência para garantir o preço ou esperar a proximidade para aproveitar as promoções?
- A bagagem: O que levar? Quente ou frio? Cabe na mala? Deixo espaço para a volta? Levo na mão ou despacho?
- O caminho até o aeroporto: Quanto tempo antes tenho que chegar no aeroporto? Vai ter fila? Os aeroviários estão fazendo passeata? Nesse horário a marginal estará cheia?
- O embarque: As filas de check-in, as perguntas de segurança padrão, a conferência de documentos, o tira isso e aquilo na Polícia Federal, o alto-falante que não para de anunciar os voos e grita sem parar para apressar os passageiros, as prioridades de quem embarca antes, a preocupação de ter espaço para a mala de mão.
- O traslado: As informações de voo, as instruções de segurança, o medo discreto ou explícito de voar, a obrigação de desligar todos os aparelhos eletrônicos, o desgaste imperceptível de mover seu corpo a 1.000km por hora e a 10 mil metros de altura, os riscos de trombose pela falta de movimento. A recirculação do ar como padrão de todos os aviões e a baixa umidade do ambiente (de 10 a 20%) colaboram muito para a transmissão de múltiplas doenças a bordo.

Um dos maiores riscos que um passageiro frequente enfrenta é a TVP — trombose venosa profunda. De acordo com Herbert DuPont, diretor da Escola de Saúde Pública da Universidade do Texas, a baixa umidade, associada à pressurização em alta altitude, pode comprometer a circulação e gerar inúmeros problemas. A TVP ocorre quando um coágulo sanguíneo se desenvolve em veias profundas, usualmente nos membros inferiores, e pode levar a inúmeras complicações, inclusive à morte.

Para reduzir o risco, é importante não cruzar as pernas, tomar muita água, usar meias de compressão e ainda realizar exercícios no caso de voos mais longos. Essa é mais uma recente espada de Dâmocles que se incorporou ao rol de preocupações de quem viaja, ampliando muito seu já alto nível de estresse.

- A chegada: A inquietante espera das malas, a sensação incômoda de passar pela alfândega, a sinalização em outra língua, as distâncias carregando a mala, o desafio de achar o táxi ou a locadora, os micróbios que seu corpo não se preparou para combater, a luta do seu sistema imunológico contra as bactérias desconhecidas, a mudança brusca de temperatura e de fuso horário.

Segundo um estudo recente da revista *Science*, alterações no nosso ciclo regular de sono impedem por um período a produção de células T e abrem as portas do organismo para potenciais infecções.

- O hotel: O check-in cada vez mais tarde e o check-out cada vez mais cedo, um quarto onde tudo é inédito, a reserva que mostrava uma vista que você não vê, guardar tudo que está na mala, a preocupação com a segurança e o código do cofre, os travesseiros que jamais são parecidos com o seu.
- A cidade: O fuso horário atrapalhando um sono reparador e as horas de alimentação que não combinam com o ritmo do local, fazer compras calculando o preço a cada item, todas as perguntas de o que fazer, onde comer, como chegar, o que tem perto, como vai ficar a temperatura. Os desafios de transitar por uma cidade desconhecida. Além do desgaste de se alimentar com uma comida estranha ao organismo e a reação resultante idem.

Além disso, não há quem resista à síndrome de "Já que estou lá, não posso perder". E isso é um enorme estressor já que, mesmo estando esgotados física e mentalmente, achamos que não podemos deixar de visitar tal lugar, comer naquele restaurante ou frequentar aquele night club.

E isso, se ocorrer tudo conforme o planejado, o que quase nunca é verdade. Todos esses itens anteriormente citados que geram um enorme volume de estresse físico, mental e emocional podem ser muito ampliados, se tudo não ocorrer de acordo com o estabelecido. O avião pode atrasar, a mala pode não chegar, o hotel pode ter feito a reserva para um outro dia, você pode ficar doente e, por mais que saiba que remédio tomar, a farmácia exige receita — e assim por diante. Viajar é sempre trazer para sua vida uma infinidade de variáveis incontroláveis que se somam a essa grande lista de fatores geradores de estresse. Como a criança ao seu lado que não para de chorar e a mãe que não toma providência. E lá se foi sua noite de sono a bordo.

Ninguém pode subestimar o imponderável. Ele é o seu companheiro inseparável de viagem. Quem assistiu à série de filmes *Férias Frustradas*, com Chevy Chase, se lembra bem das agruras que a família Griswold passava em cada uma das suas férias, por mais planejadas que fossem. Tirar férias é atirar-se em uma enxurrada de situações inesperadas que elevam seu estresse ao limite.

Eu sempre pautei minha vida na tentativa de reduzir o estresse. Sempre me visto de preto, há mais de 20 anos. Camisa e calça são compradas nas mesmas lojas, os mesmos modelos e os mesmos números. Tenho três carros idênticos onde moro e, quando viajo, alugo a mesma marca e modelo de automóvel. E os daqui de casa são blindados para não me estressar cada vez que paro em um semáforo.

Em matéria de restaurantes, procuro frequentar sempre os mesmos lugares e, quando estou lá, peço a mesma opção do cardápio. Quando viajo, fico sempre na mesma rede de hotéis para não ter que preencher ficha alguma. E, seguindo a máxima de uma grande campanha hoteleira, para mim *The Best Surprise Is No Surprise* (A Melhor Surpresa é Nenhuma Surpresa).

O ESTRESSE DA VIAGEM NOS ANIMAIS

O estresse de viagem é largamente analisado em animais. O veterinário Wilson Fernandes tem feito grandes estudos sobre a alteração de comportamento dos cavalos de competição durante e após a viagem. Para ele, o desgaste do transporte associado à estranheza do ambiente traz como consequência a perda da capacidade competitiva. Segundo o veterinário, por meio de um hemograma podemos perceber imediatamente se o animal está estressado devido à redução do número de linfócitos ou glóbulos brancos responsáveis pela defesa do organismo. Isso é uma característica do estresse partilhada também pelos humanos, mas que não mereceu até hoje estudos que evidenciem o problema entre nós.

Mas as análises de estresse da viagem não ficam circunscritas aos cavalos como únicos representantes do mundo animal. Segundo a veterinária Leila Sena, uma pequena viagem, mesmo de carro, pode ser um transtorno para os gatos. Ela explica que a maioria dos gatos fica estressada ao andar de carro, alguns mais, outros menos, e isso ocorre porque, ao retirar o animal do seu habitat usual, naturalmente se despertam o medo e a ansiedade. Ela indica que devemos aplicar na caixa de transporte do felino um feromônio em spray, e sua ação é justamente trazer maior tranquilidade e segurança no local em que esse animal se encontra. Esse feromônio é similar ao feromônio natural que os gatos liberam quando estão se sentindo bem e seguros, e costuma funcionar quando aplicado corretamente. Pena que não existe nada parecido para nós, humanos.

O ESTRESSE DA VIAGEM NO ESPAÇO

Outra área também intensa de estudo e que desperta a atenção da comunidade científica é o enfraquecimento do sistema imunológico verificado nos astronautas. Hoje, o maior desafio que enfrentamos para dar início às grandes viagens interplanetárias é exatamente o enorme aumento da suscetibilidade a fungos e doenças apresentado pelos astronautas nas suas viagens espaciais.

Claro que o estresse nesses casos extrapola em muito o que enfrentamos aqui embaixo, mas não deixa de ser um sinalizador importante da correlação entre estresse e redução do potencial de defesa apresentado por nosso sistema imunológico. Para alguns cientistas, a perda de gravidade parece também ter uma relação com a queda da imunidade, e estudos nesse sentido já estão sendo estabelecidos por meio de centrífugas humanas que permitirão a hipergravidade, auxiliando no combate a infecções.

Parece claro, portanto, que a viagem, antes considerada um remédio contra o estresse, é na verdade um fator estressor dos mais importantes e vai precisar ser analisado assim daqui para a frente. A indústria do turismo será enormemente prejudicada se não começar imediatamente a promover redutores de estresse em toda a sua cadeia de ações. Aliás, pouco se tem investido no combate ao estresse da viagem, e essa conta será paga muito em breve por toda a indústria do turismo.

OS POTENCIAIS FATORES REDUTORES DE ESTRESSE

- Chip de identificação de bagagem que indique a localização da mala, assim como existe hoje o Find My iPhone.
- Menor ruído dos alto-falantes no aeroporto, informações individualizadas para passageiros de cada voo por meio do celular.
- Processo de revista e verificação de documentos mais *user friendly*.
- Criação de big data para passageiros frequentes que não exija preenchimento de formulários a cada nova viagem.
- Aplicativos de mapa de aeroportos para identificação dos locais de transporte terrestre, banheiros etc.
- Permitir o uso de iPads e notebooks durante pouso e decolagem. Está provado que isso não interfere nos comandos do avião, mas a proibição em muitas companhias aéreas permanece em função da burocracia.
- Reduzir o volume de informações prestadas pelos comissários e até pelo piloto sobre dados que todo mundo já conhece ou não se interessa em saber, interferindo continuamente no sono ou entretenimento a bordo. Afinal, saber a altitude do voo ou a temperatura lá fora a 10 mil metros de altura só interessa aos fãs de cultura inútil.
- Menu a bordo mais adequado ao país de origem do voo. É de lá que vem nosso estômago e precisamos nos acostumar devagar com outros temperos ou ingredientes.

- Hotéis que permitam *early check-in* e *late check-out*, passando a cobrar por pacotes de 6 horas, e não de 24.
- Apartamentos de hotéis com iluminação de solo para evitar acidentes em movimentações no meio da noite.
- Uma convenção mundial liderada pela ONU que estabeleça um só tipo de plug de tomada para todos os países, evitando a disputa pelos adaptadores em cada nova região que se visite.
- Aplicativos de tradução simultânea para facilitar a comunicação. O Skype já desenvolveu os primeiros passos nesse sentido.

E muitas outras ferramentas cujo desenvolvimento pode ser incentivado pela inovação e pelo bom senso.

A VIAGEM COMO SÍMBOLO DE STATUS

Há muitos anos, viajar era um luxo de poucos, um privilégio restrito às classes mais abastadas, uma realidade distante da maioria da população. Mesmo nos dias atuais, viajar ainda é um símbolo de status, inveja de muitos e aspiração de todos. Viajar era e ainda é uma demonstração de erudição, visão de mundo, ampliação de repertório. Por isso, muita gente ainda reclama de estar viajando muito, mas no fundo espera a inveja silenciosa de seus interlocutores.

Viajar sempre significou ampliar horizontes, conhecer outras pessoas, culturas e costumes. O mundo digital diminuiu muito essa exclusividade, apesar de continuar sendo relevante. Mas, em breve, viajar vai ser coisa de gente que não tem acesso ao que o mundo tecnológico proporciona, assim como a ida ao cinema já está se transformando em uma diversão das classes menos favorecidas que não possuem um telão com som quadrifônico em casa.

Na empresa, mesmo o deslocamento a negócios é considerado uma vantagem. Há pacotes de contratação que incluem viagem como *fringe benefits*. Mas, em função do estresse, em breve os equipamentos de videoconferência é que deverão oferecer *frequent mileage* para gerar maior interesse na sua utilização.

O ESTRESSE DA VIAGEM NA MÍDIA

Mas, apesar de todos os estressores que a viagem gera, ainda é possível encontrar na mídia artigos apresentando a viagem como uma ferramenta de combate ao estresse. Segundo essas matérias, ficar longe dos problemas faz bem. Além de entender que esse é um conceito no mínimo duvidoso, o afastamento dos problemas acaba sendo sobejamente anulado por todas as demais causas estressantes da viagem. Por isso, tanta gente volta esgotado das férias e não sabe o porquê.

O tema estresse e viagem ainda não está na pauta generalizada dos principais veículos de comunicação, mas alguns setores já começam a explorar o assunto como vantagem competitiva em marketing. As empresas de cruzeiros já se apresentam como "turismo sem estresse", alegando que em uma viagem de navio você não troca toda hora de apartamento, não tem que se preocupar com onde comer, como pegar um táxi etc. Esquecem-se, porém, do aperto das cabines, do eventual enjoo, os horários rígidos de refeição e até dos treinamentos de segurança com todos de boia passeando pelo convés.

A correlação entre estresse e viagem já é presente e crescente nos meios digitais; há milhares de artigos na internet sobre "Como reduzir o estresse na viagem" e lojas especializadas na venda de produtos e serviços antiestresse. Há também uma relação publicada anualmente pela KRC Research dos aeroportos mais estressantes da América.

Isso sem falar em gente que está transformando estresse em posicionamento e diferencial competitivo, como a Strees Free Travel Inc., uma agência de turismo norte-americana que promete organizar viagens para seus clientes com o menor índice de estresse possível. Mas a onda não para por aí; há ainda estudos recentes sobre o tema realizados por centros acadêmicos, como a Universidade de Rochester ou a New York University, com seus estudos denominados Travel Stress Busters.

Apesar de todos esses sinais esporádicos e isolados, o tema ainda não ganhou as manchetes da grande mídia, ainda não faz parte dos comentários no Facebook nem gerou estudos mais profundos e suas consequentes análises conclusivas. Mas isso é apenas uma questão de tempo. Em breve, viajar vai ser considerado um dano para a sua saúde. Quando você disser a um amigo que viaja o tempo inteiro, o sentimento será de pena, e não de inveja. Mães dirão para seus filhos que estão preocupadas com o volume de viagens deles e pais evitarão que suas crianças viajem com frequência, principalmente quando ainda são novinhas.

Esse tempo está chegando e, um dia, caso a indústria do turismo não acorde para o problema e implemente um enorme esforço antiestresse, você também estará evitando as viagens ou restringindo muito a sua frequência. Quem viver verá.

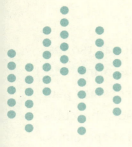

RAZÕES DE IR E VIR

De Bucareste a São Paulo são mais de 16 horas de voo. Apesar do conforto interno da aeronave, separando classes e garantindo privilégios, os pensamentos acabam se avolumando na cabeça e incomodando mais que o enclausuramento no ar.

Nada como viajar sozinho para pensar e colocar as ideias no lugar, rever conceitos e desnudar preconceitos. Retornar para casa, após uma semana em um lugar como a Romênia, é muito bom. Não que lá não seja um lugar agradável. É, e muito. Bucareste é uma cidade acolhedora e romântica, tranquila e segura. Estar lá é como voltar ao passado, visitar a Europa da década de 1950, com sua cultura transbordando pela rua e um povo situado entre o alegre e o nostálgico.

Mas voltar para casa é sempre bom, não importa como, nem de onde. E é nesse caminho de volta que me ponho a analisar nossas razões de ir e vir, o que nos faz suspender o nosso corpo no ar e acelerá-lo a mais de 900 quilômetros por hora, para depois descermos em um ponto distante do planeta com diferenças de temperatura, pressão, fuso horário e tudo o mais.

Um dia, tenho certeza, vão descobrir que viajar de avião faz tão mal quanto fumar. O corpo passa por um processo de estresse enorme, buscando adaptar-se a todas as mudanças instantâneas que colocamos para ele e, nesse processo, há um natural esgarçamento de órgãos, músculos e nervos. É a tão propalada fadiga de material que ocorre nos aparelhos, e seguramente ocorre também no corpo humano.

Mas, apesar disso, continuamos viajando e voando. Afinal, nada mais interessante e digno de admiração que visitar as impressionantes obras construídas pelo homem em um verdadeiro legado que nos deixaram nossos antepassados. Viajar à Europa, não interessa se a Paris, Roma ou Budapeste, é tropeçar em arte, arquitetura, monumentos, palácios e museus em um sem-fim de demonstrações eloquentes de civilização e cultura.

Visitar o Velho Mundo nos revigora como seres humanos e nos faz sentir que viemos à Terra com o propósito de fazer diferença, cultuar o belo, respeitar a história e apurar a raça. O grande problema, porém, quando passamos a fotografar tudo isso, é que nos encontramos frente a frente com nossas contradições.

Ficamos extasiados pela coragem e visão dos nossos antepassados que nos deixaram um legado de tanta beleza e grandiosidade, mas não paramos para analisar como e em que condições tudo isso foi feito. Admiramos sem questionamento, como se o fato de ser grande e belo já compreendesse o perdão incontido dentro de si.

Quase tudo que existe no Velho Mundo para ser admirado — e no Velhíssimo também, se incluirmos Grécia, Egito etc. — foi criado, construído ou preservado pelas mesmas personalidades que a história se encarregou de condenar, criticar e colocar no lado escuro da humanidade. Admiramos a obra e condenamos o autor, sem que se faça nenhuma ilação entre causa e efeito. Mussolini, Franco, Napoleão, Ceausescu, Hitler, podemos percorrer a lista inteira e vamos perceber que foram eles mesmos que deixaram para nós muito disso que admiramos hoje.

Essa impressão quando retornamos da Romênia é ainda mais marcante pois tudo que nos deixou maravilhados na capital Bucareste foi obra de um ser desprezível e amaldiçoado, um ditador implacável que resolveu deixar um legado de grandeza e estética sem se preocupar com o sofrimento de seu povo. Historicamente marcante e politicamente condenável. Esteticamente admirável e socialmente inexplicável.

Na verdade, isso não é muito diferente desde que o mundo é mundo. Das pirâmides do Egito, passando pelo Coliseu romano até a gigantesca e indescritível obra do Parlamento Romeno, com suas 6 mil salas, tudo foi obra para posteridade sem preocupação com a geração presente. Se hoje temos o que admirar e pelo que nos sentir grandiosos, foi graças à visão extraordinária de homens que pensaram no futuro sem se preocupar com o presente. E os que fizeram o contrário talvez tenham contribuído mais para o bem-estar de seu povo, mas não deixaram nada para a admiração de seus pósteros. E hoje descansam em paz na poeira indefinível da história.

Se tudo isso por um lado nos faz pensar nessa enorme incoerência de nosso julgamento, por outro, deixa claro que administrar é algo que ainda não encontrou um senso de missão definitivo. Não sabemos se estamos aqui para resolver problemas presentes ou preparar o futuro das próximas gerações. Se devemos sacrificar a vida de nossos contemporâneos para o gáudio e a admiração dos que virão ou simplesmente nos preocupar com o hoje e o agora sem deixar nada que nos garanta um lugar na história.

Quando vejo os cidadãos de Bucareste demonstrando todo o orgulho ao exibir aos visitantes, como eu, suas obras e monumentos impressionantes, e meia hora depois despejar todo seu fel sobre o ditador que condenaram e executaram, fica claro que o ser humano é complexo nas suas contradições e sentimentos, o que o torna ainda mais fascinante perante nossos olhos e nossa alma. E o que só aumenta nosso desejo de ir e vir.

Olhando para o nosso país e o nosso mercado, as contradições também não são menores. Sem entrar no mérito do juízo de valor e analisando somente a esquizofrenia aparente, salta aos olhos a dicotomia reinante entre autor e obra, entre "o que foi feito" e "quem fez", como se em nosso julgamento não houvesse uma relação de causa e efeito entre os dois.

Um bom exemplo disso são os enormes artigos e reportagens repletos de efusiva celebração sobre o avanço da medicina com ênfase nos milagrosos remédios que revolucionaram nossa qualidade de vida por um lado e, por outro, às vezes, no mesmo veículo de comunicação, o verdadeiro saco de pancadas em que se transformaram os laboratórios, verdadeiros heróis e principais responsáveis pela pesquisa de ponta e evolução da medicina.

No campo dos esportes, outra demonstração de separação entre obra e autor. Somos pentacampeões, temos o melhor futebol do mundo, clubes que possuem marcas centenárias, e passamos nossa vida criticando os cartolas, como se não fossem eles os verdadeiros responsáveis pelo alcance e pela dimensão que o país alcançou no ramo futebolístico.

Somos assim com tudo. Criticamos a Rede Globo e garantimos a ela seu reinado absoluto de audiência. Ridicularizamos os norte-americanos e passamos a vida consumindo sua música, seus filmes e seus costumes, loucos para visitar a Disney World e pedir um delivery de fast-food.

Esses são apenas alguns exemplos dessa separação mental que fazemos entre ação e reação, entre continente e conteúdo, entre emoção e razão. Só assim para explicar a crítica crescente que fazemos a um governo sem que isso macule a imagem do seu principal governante. Como se não houvesse uma relação biunívoca entre os dois. Por outro lado, aos que merecem nossa condenação, nada que eles façam ou venham a fazer alterará essa imagem deteriorada e crítica. Apenas isso explica o usufruto confortável de obras que criticamos em verso e prosa, e nos permite aprovar um presidente e reprovar seu avião.

Douglas B. Holt, professor emérito da Harvard Business School, define a função de uma marca líder e inovadora como aquela capaz de mirar contradições nacionais e liderar movimentos iconográficos que deem à população um sentido de vida e de consumo. Se isso é verdade, há muitas opções e possibilidades aqui mesmo em nosso quintal. Somos cada vez mais uma sociedade multifacetada, essencialmente crítica e dialética, sem aparente lógica formal na criação de mitos e valores. Um universo muito rico, um campo fértil para o posicionamento de marcas e transmutação de valores sociais, morais e principalmente mercadológicos.

O NEGÓCIO É TRANSGREDIR

Existem dois caminhos na vida que teoricamente podem levar à felicidade: o da busca por uma vida impoluta, em permanente retidão, ou aquela forma de viver que procura todo dia uma pequena transgressão.

Eu busquei a segunda via, procurando fazer diariamente algo de que poderia me arrepender no futuro. Nada sério, nem muito perigoso, apenas aquilo que trazia o sentido da transgressão, do diferente, às vezes, do transcendente.

Desde pequeno, busquei contrariar, questionar. Ainda na primeira infância, tocava a campainha dos vizinhos da vila e saía correndo. Quando jovem, escalava o xadrez do aeroporto de Congonhas para ver as rodas do avião passarem raspando na minha cabeça. Aquilo me dava um prazer imenso! Minha vida foi uma sequência infinita de "Por que não?".

Talvez a minha pouca necessidade de grandes transgressões se deva à minha cotidiana rotina de pequenas delas.

Em todas as empresas, a grande maioria dos colaboradores vive perguntando "Como?". Alguns poucos se atrevem a perguntar "Por quê?". E uma quantidade rara, quase ínfima deles, pergunta "Por que não?". Pois são esses mesmos que rejeitam a autoridade, questionam a hierarquia, não respeitam o horário e não trabalham bem em equipe que são fundamentais para qualquer organização.

E toda empresa, por isso, precisa entender que, além de disseminar cultura, deve criar um ambiente organizacional capaz de nutrir rebeldes.

Deve ser essa a explicação de por que, algumas décadas depois de formadas, a turma da frente trabalha inteira para a turma do fundão.

Há um risco implícito nessa sugestão que poderia levar às grandes transgressões, mas, se olharmos a história, é disso que ela foi feita. E talvez o exercício cotidiano das transgressões inconsequentes seja uma espécie de antídoto para aquelas que trazem consequências.

Aliás, viajar à Europa é passar o tempo todo admirando e fotografando transgressões. Do Castelo Neuschwanstein de Ludwig II, que lhe custou a coroa, ao palácio de Ceausescu, que lhe custou a cabeça, tudo são transgressões gigantescas ao bom senso que hoje colaboram com o turismo e deixaram marcas na história para sempre.

Quando estive recentemente em Praga, descobri que o absinto é vendido normalmente em qualquer supermercado. Compramos uma garrafa e, além de um gosto horrível, não gerou barato nenhum. Mas o prazer da transgressão ficou explícito no ato da compra e na expectativa de consumi-lo.

A loja Desigual é uma manifestação comercial da necessidade transgressora transformada em consumo. O slogan da Apple é um convite à transgressão. As grandes marcas do mundo têm seus lemas que geram uma tensão transgressora. *Se sujar faz bem*; *Toda mulher pode ser bonita* etc. Há sempre um "Por que não?" embutido nessas causas mercadológicas.

Não há inovação sem transgressão. E, sendo assim, a moda e a propaganda podem se encaixar nos escaninhos da indústria da transgressão.

É interessante a Igreja nos ensinar a perseguir incessantemente o caminho da retidão e ser responsável na história por algumas das maiores transgressões do mundo. A própria figura de Jesus é a imagem mais perfeita da transgressão a tudo que o cercava.

Aliás, uma entidade que prega a humildade jamais poderia exibir com orgulho a imponência da Basílica de São Pedro e todo o esplendor que cerca o Vaticano. Mas talvez esteja aí a grande transgressão que faz da Igreja Católica um sucesso milenar.

Na vida, admiramos o que condenamos e desprezamos o que recomendamos. A obra *A Alma Imoral*, do rabino Nilton Bonder, deixa claro que estamos equivocados quando julgamos que a alma busca a retidão e é o corpo que nos tenta. Segundo ele, é exatamente o contrário: o que nos tenta é a alma na busca sôfrega por transgressão, enquanto o corpo quer apenas conforto e descanso.

O prazer maior da transgressão não está necessariamente em realizá-la, mas em estar aberto para essa possibilidade. Assim como felicidade é expectativa, a transgressão também o é.

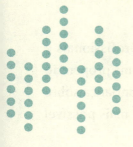

ME ENGANA QUE EU GOSTO

Para todos os estudiosos do marketing, ficam cada vez mais evidentes a possibilidade e o risco de se manipular a opinião pública, seja por intermédio dos meios tradicionais de comunicação ou via redes sociais com seu gigantesco poder viral. Mais importante que a força da mídia, porém, é analisar quais as razões que fazem o público cair tão facilmente em armações noticiosas ou publicitárias sem a menor noção de realidade e dimensão do ridículo que cada um desses fatos enseja.

Há muitos anos, empresas de comida para cachorro já emocionaram a população distribuindo faixas e cartazes na rua procurando um cãozinho para aliviar a tristeza de uma criança doente. Houve gente que até acreditou no casamento e amor puro, sincero e eterno do jogador de futebol e da modelo. Isso sem falar na legião de crédulos que via nas atitudes do governo uma firme determinação de preservar a democracia e as liberdades individuais apesar dos manuais de conduta para uso do vocabulário politicamente correto.

Segundo as análises elaboradas pelo Museu do Boato, com sede nos EUA, um fato irreal e absurdo vira crível e passa a fazer sentido no imaginário popular quando dentro dele se encontra o germe do dramático, do inédito e do sensacional. O mais importante é capturar a atenção e, principalmente, a imaginação do público.

Apesar de todas as frustrações e decepções políticas, profissionais e amorosas impostas a cada um de nós, a humanidade possui uma propensão inerente à credulidade, com uma enorme preferência pela confiança sobre o ceticismo. E é exatamente por isso que se torna cada vez mais possível a manipulação da opinião pública.

P. T. Barnum, o mais famoso proprietário do Museu de Horrores que influenciou todos seus sucessores, incluindo Robert Ripley, do *Acredite Se Quiser*, dizia que o público não fica chateado quando é enganado, desde que a mentira imposta a ele seja mais sensacional, atraente e divertida que o cotidiano inóspito e aborrecido de cada um. E talvez esteja aí um dos paradoxos da democracia e consequente democratização dos meios: quanto mais livre nós somos para nos comunicar com os demais habitantes do planeta, mais liberdade temos de manipular e enganar o próximo.

O mundo medieval tratava o conceito de verdade sob um manto alegórico e espiritual. Na era moderna, nós o tratamos de maneira científica. Apesar disso, continuamos crédulos e passíveis de manipulação. E a razão disso é que, apesar de todo o acesso ilimitado à pesquisa e informação, nós continuamos querendo acreditar.

Muita gente acredita que as fake news sejam um fenômeno recente. Mas, em 1994, um *press release* apócrifo distribuído pela internet informava como notícia de primeira mão que a Microsoft havia comprado a Igreja Católica, com sede no Vaticano. Segundo a nota, era a primeira vez que uma empresa de software adquiria uma religião mundial, mas que outras negociações desse tipo estavam a caminho.

O release tinha, ainda, a voz oficial da Microsoft, Bill Gates, que dizia considerar a religião um dos setores que apresentava maior crescimento e potencial futuro. Indicava, também, os resultados previstos da sinergia entre os dois negócios: "Os recursos combinados da Microsoft e da Igreja Católica vão permitir aos seus usuários e crentes um maior acesso e disponibilidade de seus serviços a um número ilimitado de pessoas. Dentro dos termos do acordo, a Microsoft adquire os direitos eletrônicos da Bíblia e passa a disponibilizar os sacramentos online."

Claro que se tratava de uma paródia ou boato sem nenhum fundamento. Evidente que o objetivo era demonstrar os riscos do gigantismo da Microsoft e seu poder de manipulação do mercado. Mas milhares de pessoas telefonaram e enviaram e-mails para a empresa, condenando ou parabenizando a negociação.

Houve protestos e manifestações na porta da empresa e fiéis acorreram a suas paróquias para saber mais detalhes sobre como esse fato influenciaria a igreja local. Tudo isso acabou forçando a Microsoft a gerar um comunicado oficial que parecia mais inverossímil e engraçado que a própria notícia: "A Microsoft informa que não adquiriu a Igreja Católica, nem tem intenções de fazê-lo."

Apesar do evidente absurdo desse episódio, ele não é único, nem raro. A cada dia que passa, mais fatos como esse ocorrem e mais licenciosa se torna a mídia na manipulação da opinião pública. A solução não está na rigidez da lei nem na imposição da força.

Nosso único caminho parece ser a criação de uma nova ética da comunicação que passe a avaliar os danos globais antes de sua atitude local. Em um mundo aético, fica sempre mais fácil acreditar no ilógico e no inverossímil. Para quem já ouviu de tudo, é mais palatável acreditar no que não aconteceu, e é mais fácil entender o porquê disso.

A realidade que nos circunda nos últimos tempos parece mais fantástica que a fantasia. Quando Lula se aliava a José Sarney e defendia o aumento de juros, quando mães enternecidas assistiam a suas filhas de apenas sete anos dançarem de forma lasciva e sedutora em programas de auditório no sábado à tarde, quando os jogos de futebol ocorriam tarde da noite apenas para não atrapalhar a novela, e quando, hoje, alguém consegue vencer uma eleição presidencial sem um minuto de TV e com modestíssima verba de divulgação, tudo que conhecíamos e acreditávamos acabou virando de pernas para o ar.

A cadeia de premissas foi jogada fora durante décadas e, com isso, a hierarquia de valores passou a ser colocada em dúvida. A partir daí, somos presa fácil da mentira e da manipulação.

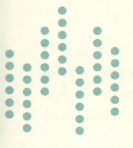

O PREÇO DA ATENÇÃO

Confesso que há muito tempo uma coisa me incomoda. Trata-se da relação de ganhos desproporcional entre as chamadas personalidades notórias e os que realmente fazem alguma diferença nesse mundo. Enquanto um jogador de futebol tem seu passe avaliado em milhões de dólares, um pesquisador de laboratório mal consegue o seu sustento. A minha leitura desse fato trazia como consequência uma visão sempre ácida da sociedade de consumo, na qual a gente acabava priorizando o high profile em detrimento do trabalho sério e dedicado.

A verdade é que, independentemente da sua profissão ou modo de vida, o dinheiro que você recebe é diretamente proporcional à capacidade de aparecer, de ser famoso, de atrair a atenção. Se não há nada de especial em relação à sua função, por melhor que ela seja exercida, ou maior que seja o esforço no desempenho, ela não será valorizada. Antes era possível ser importante na obscuridade, infelizmente, isso já não ocorre mais.

Quem já ouviu a frase "falem mal, mas falem de mim" talvez não tenha imaginado que se tratava de uma premonição de como o mundo evoluiria dali para a frente. Mesmo um recém-nascido aprende que uma atenção negativa é sempre melhor que nenhuma. Estamos saindo de uma era em que a economia é baseada na escassez dos produtos para um período em que a escassez é de atenção.

Economia é o estudo de como a sociedade administra a escassez de recursos, só que a teoria malthusiana caiu por terra. A escassez de produtos ou matéria-prima, e principalmente de alimentos, já não vale mais. Hoje, no mundo, a comida é tão abundante e barata que o problema é mais de obesidade do que de desnutrição.

No caso da economia da atenção, isso é diferente: se alguém recebe mais atenção, alguém recebe menos. A torta de atenção pode aumentar com o aumento da população, mas seus pedaços permanecem constantes. O índice de atenção per capita simplesmente não se amplia. Cada vez que uma pessoa se interessa por algo ou alguém, estabelece-se uma transação. Essa transação normalmente não envolve dinheiro, por isso, toda vez que você prestar atenção em alguém, cria-se uma visão ilusória de retorno de atenção.

Atenção é um desejo humano fundamental e tem a ver com a aceitação social. Como diz o jornalista Michael Goldhaber, se um dia você acordar invisível e inaudível, apesar de ser totalmente satisfeito em suas necessidades básicas, passada aquela atitude voyeurista natural do início, você começa a sentir um enorme vazio de irrelevância.

Tudo que descobrir e não puder dividir com alguém será uma tortura que você também não poderá expressar para ninguém. Um bom engenheiro não ganha tanto quanto um jogador de futebol ou cantor de música country porque não atrai tanta atenção.

Por que os CEOs ganham cada vez mais, deslocando para muito acima seu padrão salarial em relação ao restante dos empregados? A resposta é: porque se transformam em foco de atenção externa e interna. Verdadeiros ídolos empresariais dentro e fora das suas organizações. A cada dia que passa, fica mais clara a importância que os executivos chamados "encantadores de serpente" vão exercer neste novo contexto econômico.

O mais interessante de tudo é que a atenção não pode ser simplesmente comprada. Quando anunciantes investem na veiculação de seu anúncio, estão apenas garantindo que sua mensagem esteja disponível aos olhos e mentes de seus potenciais consumidores. Alguns desligam o aparelho ou viram a página, outros até assistem enquanto pensam em outra coisa, e com isso a atenção não está garantida.

A criatividade pode ajudar no processo, mas mesmo ela não pode garantir nada; em alguns casos, até atrapalha. Quantos comerciais existem dos quais todos lembram determinada cena ou personagem com detalhes, mas são incapazes de verbalizar qual produto ou marca anunciada?

A verdade é que, em um mundo cada vez mais disperso e repleto de distrações, a atenção é uma matéria-prima cada vez mais escassa e disputada. O sucesso ou fracasso de um produto, serviço ou mídia daqui para a frente vai ser proporcional à sua capacidade de atrair a atenção de seus consumidores. E, ao fazê-lo, transformar essa atenção em engajamento legítimo e duradouro. Quem está preparado?

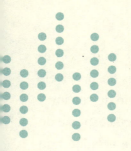

A RAZÃO DO SER

A inteligência devia ser encarada por todos nós como uma doença, e não como um privilégio do homem. Aliás, a minha própria vontade de tocar nesse assunto já deixa claro que eu também estou doente e que os sintomas começam a se agudizar.

Mas, por mais atacado que eu esteja, sinto-me feliz por entender que o que me venderam até hoje como uma grande qualidade não passava do meu maior e mais mortal defeito.

Essa constatação, longe de nos infelicitar, nos dá uma enorme sensação de liberdade, de plácida impotência e de simples viver. Hoje, após toda uma existência valorizando a razão e celebrando o desenvolvimento humano, acabo constatando a miopia contida nessa ótica e, por isso, dou asas ao espírito revisionista que toma conta da meia-idade, sem no entanto aguçar as crises naturais de quem se pega em evidente erro de julgamento.

Durante o processo de evolução da espécie, deve ter ocorrido algum tipo de mutação que desviou o homem de sua trajetória natural. A racionalidade nada mais é que uma doença, uma espécie de vírus que ataca todos os seres humanos e que acaba transformando todos nós em criaturas condenadas à consciência de sua existência fugaz e inexpressiva.

A consciência e a inteligência forjaram uma civilização de animais infelizes, amedrontados, neuróticos e tementes da morte, seres desprezíveis e incompetentes. Ao se tornar civilizado, o homem, por meio de sua inteligência, construiu símbolos de sua própria degeneração, uma espécie de homenagem ao que fez desse ser o que ele é hoje: cheio de orgulho non sense e repleto de racionalidade, mas desprovido de razão.

Sofremos porque nos afastamos da natureza, essa sim é a maior celebração da inconsciência coletiva, da vida pela vida, sem "por quês" e "até quandos", simplesmente vida. A cigarra, por exemplo, ao nascer, enfia-se debaixo da terra, onde passa 17 longos e sombrios anos, até que crie asas e venha ao mundo, onde sobrevive apenas 17 dias.

Já imaginou se ela pensasse, como estaria revoltada com sua trágica existência? O mal do homem é achar que é alguma coisa, tentando descobrir razões seja lá do que for, com sua pequena capacidade de entendimento das coisas. A busca do transcendente nada mais é do que o símbolo máximo do desespero humano. É a não aceitação da sua existência finita, da falta de razão e sentido das coisas, de Deus como símbolo máximo do nada, e não do tudo.

O mundo nada mais é que um grande pavilhão de hospital repleto de doentes desenganados e revoltados com seu trágico destino de viagem rumo ao nada. Mal sabem eles que caminhando para o nada estão na verdade cada vez mais próximos de Deus.

A inteligência, longe de libertar, escravizou o homem na sua busca frenética de encontrar algum sentido em sua presença na Terra. As seitas e religiões são como muitos remédios que, longe de tratar a causa, tratam apenas de amenizar seus efeitos. Tentamos dar explicações pueris para algo que não devia ser sequer questionado, pois a própria pergunta é o problema.

O mais trágico nisso tudo é que se valoriza a inteligência como o grande privilégio do homem na sua comparação com os outros colegas de embarcação. Afinal, foi ela, a inteligência, que possibilitou ao *homo sapiens* chegar à Lua e alcançar as profundezas dos oceanos, construir cidades e comunicar-se com qualquer ponto do planeta. A questão que permanece após todas estas festejadas conquistas é: e daí?

Há inúmeras teorias que tentam explicar por que e quando o homem se distanciou definitivamente dos seus ancestrais e começou a andar sobre apenas duas patas. Todos consideram esse fato como o marco definitivo que nos separou do restante de nossa árvore genealógica e celebram isso como o surgimento de uma nova fase no desenvolvimento humano sobre a Terra.

Na verdade, o homem começou a andar ereto porque queria afastar sua consciência do pó de onde veio e para onde vai inexoravelmente. Olhar para cima, aproximar-se do céu, era já uma tentativa desesperada de escapar de seu destino, de não aceitar sua condição de simples passageiro dessa nau.

Deve ser por isso que nos sentimos tão bem quando estamos em contato com a natureza, com o puro e natural, cercados de plantas e animais. É a maravilhosa ordem, desprovida de questionamentos, essa ordem que nos fascina e alivia nossa consciência ávida por explicações. O ritmo das estações transforma tudo sem que se pergunte o porquê.

A harmonia aparente revela, quando olhada mais de perto, um mundo em constante mutação e luta, no qual só os mais fortes sobrevivem sem nenhum questionamento e busca de utópica igualdade.

Morrer só nos amedronta porque sentimos que passamos um longo tempo viajando nesse barco, chegamos finalmente ao destino, mas não temos a menor ideia de onde estamos.

Por tudo isso, precisamos entender que a morte nada mais é que o início do nosso retorno ao natural. A existência sem a necessidade de existir. A verdadeira razão de viver.

PARTE 2

INSIGHTS
UNIVERSO
CORPORATIVO

A SEMELHANÇA PREOCUPANTE ENTRE PESSOAS E EMPRESAS

Empresas, assim como pessoas, tendem a ser relapsas e estar sempre na defensiva. Ao longo dos tempos, essa tem sido a principal razão por que é muito difícil implantar mudanças em uma organização. Em outras palavras, segundo a avaliação de Richard Crespin, CEO da CollaborateUp, empresas tentam dispensar a menor quantidade de energia possível para proteger o organismo contra qualquer estímulo externo. Resistir ao novo e ao inédito não é só humano e individual, mas também corporativo e coletivo.

Na verdade, empresas, assim como pessoas, não temem mudanças; temem a perda. Perda de poder, de segurança, de vantagens e até de status. Daí a enorme tendência das organizações em valorizar gente *more concerned on protecting asses than assets* (mais preocupada em proteger o próprio rabo que o patrimônio ou resultado). Para esse exército da imobilidade, o importante é manter o organismo funcionando nos mesmos moldes, da mesma maneira.

Um vírus, quando encontra um hospedeiro, tende a alterar suas condições e, ao fazê-lo, leva-o à morte e morre junto. Um funcionário ou colaborador faz o contrário: não deixa que as condições se alterem exatamente para continuar usufruindo de seu hospedeiro. Mal sabem eles que essa é a sua verdadeira sentença de morte em um mundo em constante mudança.

Por isso, podemos afirmar que empresas fracassam não por fazer algo errado, mas por fazer a coisa certa por um tempo longo demais.

É como se um enorme e eficiente sistema imunológico existisse nas corporações para defendê-las da entrada de quaisquer ideias estranhas. Algumas vezes, a resposta à mudança é tão potente que observamos até um fenômeno autoimune, quando o organismo ataca a si próprio pensando se defender de um inimigo externo.

Isso explica o fenômeno de empresas e até de segmentos inteiros de atividade perderem cada vez mais importância no cenário competitivo, mas continuarem justificando essa perda com razões conjunturais, sem levar em conta a necessidade estrutural de mudança.

Essa enorme defesa contra novas ideias e quebra de paradigmas é, no fundo, uma doença corporativa motivada pela busca de sua própria sobrevivência. E é, ao mesmo tempo, a causadora de seu fim de maneira irrelevante e silenciosa.

A IMPORTÂNCIA DAS FCE — FORÇAS CONTRÁRIAS EQUIVALENTES

O Universo, visto por poderosas lentes de um telescópio, parece estar em perfeito equilíbrio. Planetas permanecem em suas órbitas e repetem seus caminhos em períodos constantes e repetitivos. A natureza também nos dá essa sensação de tendência à ordem e tranquilidade. Aves migram periodicamente ao mesmo destino, peixes sobem as corredeiras em fases determinadas do ano. E os rios, por sua vez, após o período de cheia, retornam ao seu leito natural.

Tudo isso nos dá uma sensação de que as coisas ocorrem naturalmente, como se fosse tudo programado. Na verdade, por trás dessa paz aparente, há uma enorme colisão de forças contrárias equivalentes em uma disputa constante. Cada corpo celeste atrai e é atraído pelos outros em uma dualidade de atração e repulsão de proporções épicas. As gravidades se agridem ininterruptamente para que tudo permaneça como está.

> Não existem muros separando ideias; existem ideias criando muros. Tudo se relaciona com tudo, em um verdadeiro emaranhado de sinapses variadas.

Na dimensão política, o Brasil vem apresentando uma distopia preocupante na qual a força gravitacional da esquerda atraía tudo para esse lado, em um verdadeiro exemplo de buraco negro. A disputa se dava apenas entre os "meio à esquerda" e os "bem à esquerda", sem espaço para um equilíbrio natural de forças equidistantes.

A falta de contestação ideológica e disputa de ideias gerou a aparente tranquilidade das forças políticas, disfarçando um angustiante desvio de órbita com fim trágico iminente. E, apesar da eleição de Jair Bolsonaro, ainda é cedo para afirmarmos que isso mudou ou vai mudar.

Trata-se de um trabalho cultural de décadas que não se encerra com uma mudança efêmera de poder. Há necessidade de uma revisão completa de pautas jornalísticas, currículos escolares e programações culturais que tragam de volta o equilíbrio perdido.

Na economia, o desequilíbrio também é patente. Taxamos o consumo, e não o capital, fazendo com que quem ganhe menos pague mais impostos. E quem sonega acaba tendo uma vantagem competitiva sobre os bons pagadores com os inúmeros refis e outras formas de premiação dos inadimplentes. Nesse caso, só uma reforma tributária profunda e um maior rigor arrecadatório será capaz de eliminar esse desequilíbrio de forças.

A discussão da previdência também é um dos grandes exemplos de forças contrárias não equivalentes que o país enfrenta, com alguns recebendo muito enquanto outros não recebem quase nada na sua aposentadoria.

No plano logístico e de mobilidade, a concentração produtiva do sudeste gera enormes desafios para o transporte com caminhões indo cheios para o nordeste e voltando vazios para a origem. Com isso, o custo do frete extrapola seu preço lógico e reduz a competitividade da indústria nacional.

Na distribuição da população, mais desafios logísticos abundantes, com os mais pobres morando na periferia e os mais ricos no centro. Isso transtorna e encarece o transporte urbano, indo na contramão de todos as outras urbes desenvolvidas do mundo.

E os exemplos de falta de equidistância e equilíbrio de forças vão além. A população das grandes cidades, independente de sua função ou trabalho, sai e chega nos mesmos horários, inviabilizando qualquer possibilidade de trânsito organizado. Há que se desenvolver projetos de incentivo à descentralização de agendas, com horários flexíveis e redução de horários de pico.

A mobilidade em nossas grandes cidades tem piorado muito e ela só vai evoluir positivamente em um ambiente de equilíbrio e de forças equidistantes e equivalentes. Para isso, seria necessária uma gestão pública orientada para o aproveitamento das ferramentas digitais na otimização da infraestrutura viária e de serviços da cidade.

Assim como no Universo, o aparente equilíbrio só ocorre quando tivermos a capacidade de reduzir distorções vetoriais de força e equilibrarmos as tensões que puxam de maneira vigorosa a sociedade para os desvios naturais das forças contrárias. Esse é um grande desafio que precisamos enfrentar juntos.

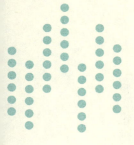

MUDANDO A GESTÃO DA MUDANÇA

Pesquisas comprovam que a grande maioria dos planos de mudança organizacional falham de maneira retumbante em seu objetivo de transformar o status quo. A razão disso é que, na era pós-digital, não deve haver um projeto de mudança, e sim um estado permanente de evolução. Aliás, nada mais anacrônico do que planejar a mudança.

O jeito de gerir a transformação está ultrapassado e precisa de uma revisão imediata. Em um cenário cada vez mais efêmero e competitivo, líderes precisam ter a capacidade de, simultaneamente, entregar o hoje e transformar o amanhã. Gerir nesses novos tempos nada mais é que dividir seu foco com sabedoria entre *pendência* e *tendência*.

O problema é que as pendências são tantas que nos afastam das tendências. E elas só são lembradas em momentos especiais e planos específicos. Isso não funciona mais. Antes, todas as empresas faziam planos estratégicos de três ou cinco anos. As que continuam com essa prática hoje sentem que estão perdendo tempo.

Dirigir uma organização era como usar o GPS no automóvel. Havia um ponto de partida, definia-se o ponto de chegada e o trajeto era preestabelecido. Sabia-se o que fazer, quando fazer e quem o faria.

> Agora, em vez de GPS, temos que usar o Waze organizacional. Sabemos o destino, mas o trajeto vai se alterando o tempo inteiro e a capacidade de adaptação é mais relevante que a manutenção dos planos predeterminados.

> Se antes testávamos em laboratórios, agora o teste é no mercado, e a adoção do conceito de upgrade permanente passou a fazer parte do *mindset* no desenvolvimento de produtos e serviços. Líderes precisam tomar decisões mais rápidas; gerentes têm de reagir com mais velocidade às oportunidades e ameaças. Enquanto isso, o pessoal do *front* tem necessidade de doses maiores de adaptabilidade e senso colaborativo com autonomia decisória e velocidade de resposta.

Mudanças organizacionais são como alterar o curso de um navio em alto-mar. As pessoas da proa podem ver a alteração do trajeto de maneira imediata, enquanto a turma da popa demora mais para perceber a manobra. Por isso, não espere compreensão, apenas engajamento. Não explique muito, crie na empresa uma visão de efemeridade evolutiva. Não pense na mudança como algo a ser planejado e executado, e sim como o único estado permanente das organizações do futuro.

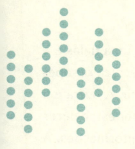

VOCÊ É UM REALIZADOR OU UM RELACIONADOR? ENTENDA A DIFERENÇA E OS EFEITOS DENTRO DE UMA EMPRESA

Nas últimas férias, entre uma esquiada e outra nas montanhas de Beaver Creek, no Colorado, tirei um tempo para ler alguns daqueles livros aos quais nunca damos prioridade por não serem nem essenciais para o nosso dia a dia profissional nem entretenimento puro. Caiu nas minhas mãos uma obra lançada em 1981 chamada *Homo Sovieticus*, escrita por Aleksandr Zinovyev.

O livro descreve a relação entre a burocracia e o povo, e o processo de uma nova mentalidade sendo forjada sob o comando do Politburo, o comitê executivo dos partidos comunistas do Leste Europeu. Apresenta também, embora não de forma intencional, os germes precursores da deterioração gradativa da União Soviética.

Para minha surpresa, o mais interessante foi avaliar que essa leitura, aparentemente de valor apenas histórico, acabou gerando-me importantes insights sobre o mundo corporativo que quero dividir com vocês.

Segundo Zinovyev, existem dois tipos de competência: uma delas é a competência que Olavo de Carvalho chama de objetiva, técnica ou operacional, utilizada na capacidade de fazer, realizar, produzir. A outra é a competência subjetiva, relacional ou política, responsável por estabelecer conexões humanas, aprofundar contatos e transacionar informações. A primeira exige know-how; a segunda busca o know-who.

Quando analisamos nossos colaboradores, vemos que as duas tendências ou aptidões dividem essas pessoas em dois grupos.

Normalmente quem sabe fazer, criar, produzir, como o Realizador, dá menos importância para as relações humanas, para a convivência e o clima organizacional, não privilegia o trabalho em equipe e não valoriza a inteligência emocional. A outra turma, a dos Relacionadores e da competência subjetiva, dá enorme ênfase ao conhecer e ser conhecido, aperfeiçoa a arte da lisonja, estabelece vínculos pessoais mais profundos, cria redes de contatos e tem como objetivo principal agradar aos outros e estimular a aceitação social.

REALIZADOR OU RELACIONADOR?
COMPETÊNCIAS (OBJETIVA/TÉCNICA/OPERACIONAL/SUBJETIVA/RACIONAL/POLÍTICA)

Realizadores (Preferem trabalho individual):	Relacionadores (Preferem trabalho em equipe):
Fazem	Estabelecem Conexões humanas
Realizam	Acumulam Contatos
Produzem	Trocam de informações
Dão menor importância para as relações humanas	Estabelecem vínculos
Acumulam Know-how	Acumulam Know-who

Não há, a priori, nenhum julgamento qualitativo de qual dessas competências é melhor. As duas são importantes. Mas, se uma organização estimula mais a competência subjetiva e gera toda uma cadeia de valorização e ascensão profissional baseada na capacidade política e relacional — em que é mais importante reportar que resolver e o e-mail enviado serve mais para defender o remetente que informar o recipiente —, cria um clima inóspito para os que fazem, criam e realizam e os incentiva a deixá-la.

Tenho a firme convicção de que uma das causas do fim do império soviético foi exatamente dar muito mais prioridade às qualidades relacionais, estimular a dissimulação e a bajulação, valorizar o conhecer alguém mais do que saber algo e, com isso, perdeu-se a capacidade de evoluir, inovar, produzir.

A cultura organizacional baseada na competência subjetiva ou relacional parece preponderar nos tempos atuais. Isso se dá tanto nos governos quanto no universo corporativo.

Se nos bons tempos tínhamos como Ministro da Ciência e Tecnologia um especialista em inovação ou cientista, no Governo Dilma Roussef, o responsável pela pasta, Sr. Celso Pansera, era dono de um restaurante a quilo na Baixada Fluminense chamado Barganha. Isso ocorria porque o poder central priorizava o conhecer pessoas e influenciar seus pares mais que conhecer o assunto e praticar seu ofício. E isso parece que ainda não mudou, apesar dos esforços verbalizados pelo governo do momento.

Nas organizações privadas vemos o mesmo fenômeno. Há muitas empresas que dão mais espaço de evolução aos funcionários "relacionadores" que aos "realizadores", valorizando a capacidade de brilhar em reuniões independentemente da capacidade de transformar planos em realidade. Parece que, nesses casos, falar o que os outros "querem" ouvir rende mais promoções que expressar o que as pessoas "precisam" ouvir, sejam elas seus clientes ou superiores.

Nesse tipo de cultura empresarial, os portadores da competência objetiva, realizadora e operacional sentem o ambiente inóspito, não são valorizados e deixam a organização. Com isso, os profissionais subjetivos continuam se relacionando muito bem, trabalhando em equipe, desenvolvendo relações e amizades, mas deixam aos poucos de entregar o que prometem. Foi assim na União Soviética, está sendo assim no nosso governo e talvez esteja ocorrendo algo semelhante na sua própria empresa.

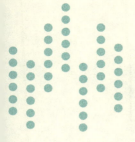

MARKETING DO MEDO

À primeira vista, julgamos que o medo paralisa e a coragem move. Aprendemos que os heróis vão para frente e os covardes ficam para trás. Que é a coragem que faz as pessoas e as empresas tomarem decisões. Entende-se que avançar significa ousadia e paralisar é sintoma de covardia. Com isso, acabamos traduzindo medo pela posição estática e coragem pela atividade dinâmica das pessoas e das organizações.

Pode ser uma surpresa, mas, na verdade, o medo também é o elemento que move as empresas e os executivos, transformando-se em uma grande força propulsora de decisões organizacionais. Se isso era verdade antigamente, agora é mais do que nunca.

Quando Pedro Álvares Cabral descobriu o Brasil, foi financiado por um Portugal com medo do domínio marítimo dos espanhóis. E a história está cheia de exemplos de povos que se atiraram em uma guerra suicida por medo de serem atacados. Afinal, o que foi a Guerra Fria senão o medo mútuo de duas nações, quase levando o planeta à extinção?

> O medo é o motor que move o mundo, que breca e acelera, que faz as pessoas e as empresas agirem e, algumas vezes, se imobilizarem.

Na verdade, quase todos os empresários e executivos hoje são movidos pelo medo. Às vezes, movimentam-se pelo simples receio de que seu concorrente o faça antes dele. Outras vezes, não se mexem com receio de tomar decisões equivocadas. Estamos em um *stop or go* definido pelo sentimento de insegurança que acaba movendo as empresas, por um lado, e paralisando, por outro, sempre por medo. Elas acabam vendendo uma parte de seu negócio ou se associando a uma multinacional por medo da globalização, ou investindo em tecnologia com medo de ficar para trás. O medo se manifesta por uma tríade de dúvidas, inseguranças, incertezas e é a tônica atual do processo decisório.

Há alguns anos, mais precisamente no ano 2000, cerca de US$3 trilhões desapareceram da economia por meio de investimentos no setor da internet e das empresas pontocom. Podemos assegurar que pelo menos dois terços desse montante foram colocados lá em função do marketing do medo. Não foi por uma decisão consciente da importância dessa nova tecnologia, ou após uma compreensão da relevância que ela teria nos destinos daquela empresa ou do setor de atividade. A grande maioria entrou na internet com medo de ficar para trás.

A frase "não dá para ficar de fora" foi a mais utilizada nos últimos andares acarpetados dos edifícios corporativos e acabou gerando a maior onda de estupidez e erro de avaliação mercadológica da história moderna.

> Medo é um sentimento permanente. A única coisa que se altera é o seu efeito positivo ou negativo sobre a economia. É o medo que determina as decisões corporativas e é o medo que traz as suas piores consequências.

O medo positivo leva a economia para cima. Faz com que as empresas se expandam, acelerem suas decisões de investimento. Quando de repente o vetor do medo muda de direção, imediatamente a espiral se torna descendente e todos param de investir. Essa deve ser uma das explicações de por que as crises aparecem de repente e de maneira tão inesperada.

Uma visão retrospectiva dos últimos 100 anos vai nos mostrar várias fases de retração e expansão econômica mundial. Quando se faz uma análise mais profunda desses fenômenos, conclui-se que ambos são sempre determinados pelo medo positivo ou negativo que toma conta das pessoas e das empresas.

Os administradores e gestores devem ter em mente que qualquer decisão empresarial precisa ser baseada em coragem, e não em medo. Porque todas as vezes que decidimos por medo, os riscos dessa decisão acabam sendo exponenciais. A decisão baseada na coragem, seja ela de avançar ou parar, acaba sendo um processo equilibrado, sereno e consciente. Leva em conta fatores reais de avaliação e permite o controle do processo nas mãos da organização.

Já a decisão pelo medo é exógena, repleta de variáveis incontroláveis. Quem decide não é você, e sim os humores do mercado, os movimentos de seu concorrente, as notícias da mídia. Por isso, sempre que uma empresa opta pelo marketing do medo está se jogando de forma insegura rumo ao desconhecido.

Alguém já disse que a esperança venceu o medo. Pode ser na política, mas no mundo dos negócios o medo continua reinando absoluto, transformando a todos nós em verdadeiras vítimas do critério, levando-nos a decisões equivocadas, irracionais, emocionais e fora de tempo. E é preciso muita coragem para mudar tudo isso.

SILÊNCIO, ESTAMOS EM REUNIÃO

A cada dia que passa, independentemente do setor de atividade em que atuamos, estamos perdendo mais e mais tempo em reuniões. São milhares de horas, milhões de pessoas e bilhões de dólares sentados em torno de uma mesa, discutindo assuntos variados e todos fingindo que estão interessados ou comprometidos. A administração por consenso parece ter tomado conta das organizações, e hoje já se transformou em uma praga que se espalha como rastilho de pólvora, quase uma epidemia.

Reunião de planejamento, board meeting, comitê de assuntos financeiros, revisão de orçamento, núcleo de sinergia, grupos integrados de trabalho, qualquer assunto é razão para reuniões intermináveis nas quais a única certeza é que em breve teremos outro encontro semelhante em algum lugar do planeta. Enquanto isso, lá fora, o mercado está mudando, comprando, vendendo e tomando decisões.

Na verdade, durante as sessões, há uma falsa sensação de segurança entre todos os presentes: eles se sentem protegidos pelo manto do anonimato decisorial em que, se der certo eu participei, se der errado, tinha mais gente comigo. Quase não há mais espaço para decisões isoladas ou instintivas prevalecendo sobre a análise; estamos desaprendendo assumir responsabilidades individuais. Margaret Thatcher dizia sempre que o consenso é a negação da liderança, e talvez por isso o trabalhismo tenha vencido as eleições seguintes na Inglaterra.

A realidade é que tomar decisões por consenso pode ser politicamente correto, principalmente nas grandes estruturas organizacionais, mas não necessariamente eficiente. Assim como memorandos internos servem mais para proteger quem envia do que para informar quem recebe, convocar reuniões é quase sempre uma atitude defensiva de dividir responsabilidades e não assumir riscos. E é impressionante como muita gente acabou desenvolvendo todo um ferramental adequado para participar de reuniões. Ele vai desde softwares sofisticados de apresentação até uma seleção de frases de efeito que funcionam muito bem nessas ocasiões.

Esses seres são chamados de executivos de reunião, uma casta especial de profissionais, normalmente ineficientes do dia a dia da empresa, mas extremamente competentes em participar de boards e comitês. Possuem todo um jargão especial que sempre pega bem, apesar de não significar absolutamente nada, e seu único objetivo é postergar decisões e sair do encontro com fama de ponderado e equilibrado.

Para esse objetivo, eles utilizam frases como: "Não podemos concluir isso apressadamente", "Sugiro uma análise mais aprofundada do assunto" ou "O momento exige cautela", além de "Não podemos nos esquecer de nossos concorrentes, alguém já analisou esses números sob um outro ângulo?", "Há pesquisas que comprovem o que foi apresentado?" e "Sugiro que se faça mais algumas simulações tomando como base um cenário mais conservador". É a obviedade covarde prevalecendo sobre a coragem competitiva.

Estudiosos em matéria de política de relacionamento nas organizações afirmam que, numa grande empresa, você tem mais chances de ter uma carreira bem-sucedida se errar de vez em quando do que se acertar sempre, e isso é ainda mais verdade se esses acertos forem individuais. O mais dramático dessa síndrome reunitiva, porém, é que ela agora começa a atingir também a área de vendas das empresas.

Pessoas que deveriam estar no mercado frente a frente com seus clientes e lutando palmo a palmo para a conquista desse mercado estão no quartel-general preparando transparências e simulações, passando mais tempo vendendo ideias e conceitos para sua própria empresa do que produtos ou serviços para seus clientes.

É claro que reuniões são importantes, trocar ideias pode melhorar a capacidade decisorial, e incentivar a sinergia deve ser objetivo de qualquer organização, mas por causa disso viver reunindo-se por qualquer motivo, esperar que todas as atitudes sejam fruto de consenso e ficar analisando a performance passada em vez de atacar o mercado e preparar o futuro pode ser uma atitude perigosa que coloca sua empresa definitivamente na coluna dos perdedores, e sempre haverá uma última reunião para se anunciar a derrota.

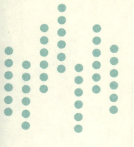

HÁ UMA CURVA EM NOSSO CAMINHO

Na década de 1980, tive o privilégio de estudar na University of Southern Califórnia (USC) uma prestigiada academia de estudos sobre economia e administração dos EUA. Entre os professores do curso, havia um jovem hiperativo e genial que adorava as araras da Amazônia e tinha uma coleção delas em sua residência. Era um homem polêmico e cheio de ideias que contrariavam os preceitos econômicos da época: Arthur Laffer.

Alguns anos mais tarde, já de volta ao Brasil, soube que o professor e amigo havia se transformado no principal assessor econômico do presidente norte-americano Ronald Reagan e estava revolucionando o pensamento vigente com sua famosa *curva de Laffer*.

Segundo essa teoria, há um comportamento arrecadatório de impostos que segue uma tendência irreversível e imutável representada por uma parábola.

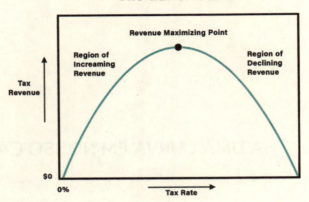

Quando se sobem os impostos para fazer frente aos gastos do governo, essa curva ascendente encontra um ponto de resistência a partir do qual ela se torna negativa. Ou seja: a partir dele, quanto maior for o imposto, menor será a arrecadação.

A causa disso é simples de ser entendida e tem tripla manifestação:

1. O preço das mercadorias e serviços fica alto demais e inibe o consumo.
2. Estimulam-se a sonegação e a evasão fiscal.
3. Ultrapassa-se o índice de risco do contrabando e contrafação.

Com isso em mente e com essa curva na mão, Laffer foi o inspirador do maior período de crescimento recente dos EUA, nos dois mandatos do governo Reagan e no primeiro da administração Clinton.

Diz a lenda que Laffer desenhou pela primeira vez essa curva no guardanapo de um restaurante em Washington para explicar o fenômeno aos assessores do governo. Desse pequeno pedaço de papel, a ilustração se espalhou para todos os manuais e compêndios de estudos fiscais e tributários.

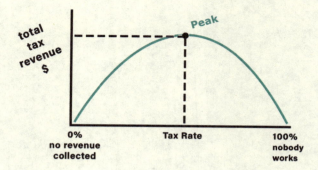

A curva de Laffer passou, assim, a fazer parte do currículo obrigatório dos principais cursos de economia dos EUA e atravessou o Atlântico para colaborar nas teses de Margaret Thatcher na reformulação do sistema de arrecadação britânico.

Até hoje essa tese não foi desmentida, mas governos de todo o mundo, principalmente do nosso continente e particularmente no Brasil, continuam a ignorá-la na sua sanha arrecadatória que desestimula o consumo, incentiva a sonegação e o contrabando, além de alimentar uma máquina governamental voraz, gorda e incompetente.

Agora que estamos em uma fase de transição em nosso país, seria muito bom se os novos responsáveis pela economia revisitassem as teorias de Arthur Laffer e sua famosa curva.

Está mais do que na hora de uma quebra de paradigma na condução do destino do Brasil. E, como dizia Einstein, não se pode esperar resultados diferentes fazendo a mesma coisa e repetindo velhas fórmulas.

MOMENTOS TURBULENTOS EXIGEM A EXPERIÊNCIA DOS LÍDERES DENTRO DAS EMPRESAS

Aprendemos em todos os manuais de liderança que a função de um gestor é tornar-se gradativamente desnecessário. Só assim seus subordinados evoluem, ganham autonomia e crescem na organização.

Fica clara, portanto, a necessidade de líderes se desvestirem de sua orgulhosa importância presencial e operativa dando espaço para que outros líderes surjam.

Em contraponto a essa postura, porém, atualmente, os líderes estão se sentindo cada vez mais fundamentais na operação, reafirmando sua presença cotidiana de maneira crescente e com uma enorme dificuldade de delegar e empoderar subordinados. E com isso surge uma sensação no comando corporativo de que eles não sabem exercer seu papel.

O que está errado? Qual será a causa dessa necessidade imperiosa de líderes mais *hands on* e mais presentes no dia a dia da organização?

Os fenômenos causais que geram essa necessidade chamam-se *efemeridade* e *mudança constante*. É preciso atuar de maneira efêmera para continuar perene, e isso muda tudo nas regras do jogo.

O mundo muda tanto, e tão rápido, com cenários inesperados surgindo à frente, que o que foi transmitido e ensinado aos nossos subordinados acaba não servindo mais. E em momentos como esse vale cada vez mais a experiência que permite enfrentar o imprevisível.

É como um comandante de avião que vai descansar na última cadeira da primeira classe após colocar a aeronave em voo de cruzeiro e é acordado minutos depois pelo copiloto pois há elefantes voando logo à frente da rota. E não há nada no manual sobre esse acontecimento.

O inesperado exige a presença do líder. Conviva com isso daqui para a frente, até que as empresas entendam que mudança é o único estado permanente. Momentos turbulentos exigem o retorno e a experiência do líder, mas continua sendo a missão dele aprender a atuar nesse novo cenário, delegando responsabilidade e formando novos pilotos, agora preparados para atuar na era da efemeridade.

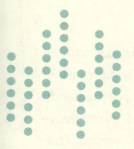

A PUBLICIDADE INCENTIVA NEGÓCIOS. ENTÃO, POR QUE NÃO INCENTIVAR A PUBLICIDADE?

Uma pesquisa recente da ABAP (Associação Brasileira de Agências de Publicidade) sobre o impacto da propaganda no mundo dos negócios revelou: a cada R$1 investido em publicidade gera, em média, R$10,7 no conjunto da economia. Até então tínhamos apenas uma intuição, mas agora temos os números.

A comunicação de marcas e produtos é uma comprovada alavanca de negócios e propicia um incremento real de vendas com efeito positivo sobre toda a economia. Pesquisas semelhantes, com resultados parecidos, foram realizadas também nos EUA e Reino Unido. E por trás desses números e dados está a Deloitte, uma das empresas mais respeitáveis do mundo.

Por tudo isso, fica a pergunta: se a propaganda incentiva o consumo, por que, então, não incentivar a propaganda? Se temos essa certeza de que a cada centavo investido teremos um resultado no mínimo dez vezes maior em vendas, está na hora de nos debruçarmos sobre esse dado e fazer algo efetivo a respeito, principalmente em um momento em que a recessão ainda inibe a ousadia e oblitera a visão de futuro.

As leis de incentivo, criadas pelo poder público para estimular o investimento por parte das pessoas físicas e/ou jurídicas em atividades específicas, foram responsáveis por boas e más consequências, dependendo de seu uso e função. Hoje, em tempo de vacas magras, há muita gente criticando o excesso de exceções e renúncias fiscais, que realmente ultrapassaram a barreira do bom senso. Não se pode negar que esses tributos não recolhidos acabam sendo um ônus para o governo, apesar do destino meritório dessa verba, seja a produção cultural, o incentivo ao esporte ou até a atenção especial à saúde de pessoas com deficiência.

A questão que não quer calar é: por que não usar o mesmo artifício para gerar demanda adicional de consumo? Por que não pensarmos em uma forma de oferecer um incentivo que, longe de ser uma despesa para o governo, se transforme em incremento de arrecadação? Por que não estimular o uso da propaganda para receber de volta, com alto poder incremental, esse dinheiro por meio de tributos fruto do aumento das vendas de produtos e serviços?

Parece lógico que, se o valor investido em publicidade traz de volta 10 vezes mais em aumento de vendas, poderíamos criar um mecanismo que permitisse o incremento de investimento em publicidade por meio de algum tipo de renúncia fiscal. Se o governo hoje recolhe, em média, de 30% a 40% em tributos em cada produto ou serviço comercializado, cada real que ele desse de incentivo para a propaganda retornaria de 300% a 400% por meio de outros impostos. E, com isso, a renúncia seria automaticamente anulada.

O controle sobre o valor a ser incentivado deveria levar em conta um acréscimo de investimento em marketing e comunicação sobre o ano anterior, o que daria novo alento a toda essa indústria. E, da mesma forma que ocorre com os demais tipos de incentivo, tudo deveria passar por um crivo detalhado e minucioso de controle e avaliação de uso efetivo e correto dessa verba.

Mas a verdade é que nada é melhor para um governo que anseia por melhoria imediata dos índices de evolução econômica que a criação de um mecanismo *self-liquidating*, de incentivo sem custo, e que ofereça ganhos efetivos que energizem toda a cadeia produtiva. Isso sem falar do efeito colateral positivo de recursos adicionais que ajudem a manter e assegurar uma imprensa cada vez mais livre e independente.

Alguém que lê o que estou escrevendo pode pensar, à primeira vista, que se trata de visão autocentrada nos interesses da empresa que dirijo. Pode até ser, mas a inspiração dessa ideia surgiu com a pesquisa citada anteriormente. Minha sugestão é que a ABAP, mentora do estudo, acabe transformando esse, que é um documento de informação, em um efetivo instrumento de ação, e leve às autoridades um plano real e viável de incentivo à propaganda. Creio que, com isso, estaremos contribuindo de fato para a melhoria das condições do mercado e dos negócios em nosso país.

MAS, AFINAL, O QUE ACONTECEU?

Dizem que trabalhar em publicidade e marketing no Brasil nos dá uma sensação de que os dias passam devagar e os anos, depressa. Mas nos últimos anos essa premissa ganhou ainda mais vigor.

Foi um período duro, em que focamos a sobrevivência e baixamos nossas ambições e aspirações corporativas, com excesso de decisões táticas e escassez estratégica. Passamos o tempo todo mais preocupados com o fim do mês do que com o fim do mundo.

Mas, na verdade, os últimos anos foram importantes para todos nós. Foi um período de mudança de ciclo, um rito de passagem no qual estamos dando início à reconstrução de um novo Brasil. E a publicidade faz parte dessa mudança. As dores de parto que sentimos são porque estamos trocando o país dos espertos pelo país dos honestos. E isso não se faz sem muita resiliência, luta e sacrifício.

No nosso setor de propaganda, essas dores foram sentidas ainda mais. A razão disso é que estamos enfrentando duas crises simultâneas: uma crise conjuntural, econômico-financeira, que se soma a uma crise estrutural de modelo de negócio.

Poucos setores da economia estão precisando revisar seus conceitos e paradigmas tanto quanto nós. Poucos segmentos de atividade estão sendo tão impactados pela tecnologia quanto o marketing e a comunicação publicitária.

Há os que negam a realidade e há os que a enfrentam. Há os que preferem não ver e os que, vendo, preferem reagir. Há os que fazem acontecer, os que assistem acontecer e os que perguntam o que aconteceu. E esses últimos são, infelizmente, a grande maioria.

Em um mundo em acelerada mudança, empresas e segmentos inteiros de atividade não morrem somente por fazer algo errado, e sim por fazer algo certo por um tempo longo demais. Daqui para a frente, precisamos agir de maneira efêmera para continuarmos perenes. Se, ao contrário, atuarmos de maneira perene, presos às nossas crenças e valores do passado, corremos um grande risco de nos tornarmos efêmeros.

Até pouco tempo atrás, liderar uma organização e planejar seu futuro era como seguir um GPS. Sabíamos onde estávamos, tínhamos noção de onde queríamos chegar e definíamos o caminho até lá. Agora, nossa missão é como seguir o Waze. Sabemos onde estamos e aonde queremos chegar, mas o caminho vai se alterando o tempo todo, conforme as circunstâncias. Não devemos temer mudanças. Devemos, sim, mudar os que temem.

Por isso, o momento é de união. A fase não é de lutas individuais e segmentadas, mas de esforços coletivos. Um bom negócio é aquele em que os dois lados perdem: perdem o medo de ouvir, perdem as suas verdades e perdem a vontade de fazer o melhor negócio do mundo. E esse desprendimento deve permear nossas atitudes daqui para a frente.

Na disputa entre mídias tradicionais e digitais, a solução é a adição, e não substituição. O mundo nos deu mais opções, não para trocar umas por outras, e sim para somá-las e ampliá-las. E, assim, as mídias digitais vêm se integrar às tradicionais em um processo exponencial e generativo de resultados.

Alguém que nos inspira já disse que tudo vale a pena quando a alma não é pequena. E quando nossas ambições não forem pequenas, também.

Gestão nada mais é do que a capacidade de dividir nosso tempo com sabedoria entre pendência e tendência. O desafio é que as pendências são tantas que elas nos afastaram das tendências. Está na hora de voltarmos a ser gestores de fato e de direito, e não apenas chefes de plantão.

Dizem que depressão é excesso de foco no passado, estresse é excesso de foco no presente e ansiedade é excesso de foco no futuro. O problema é que, nesta fase do mundo, o passado está distante, o presente é fugaz e o futuro está bastante incerto. O que precisamos fazer é aprender com o passado, enfrentar o presente e nos preparar para o futuro. Seja ele qual for.

Está em nossas mãos desenhar o futuro da comunicação publicitária e do marketing em nosso país. E, para isso, devemos estar não apenas abertos, mas também engajados nessa busca por novos caminhos.

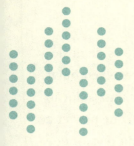

O SEGREDO É A ALMA DO NEGÓCIO?

> Nos sistemas colaborativos, o todo é sempre maior que a soma das partes.

A questão do logotipo era importante, estratégica e merecia total atenção. A criação da nova marca seria uma guinada radical naquele negócio. Para o dono da empresa, pessoa de grande conhecimento, mas reduzida visão, o assunto deveria ser tratado com discrição para a concorrência não tomar conhecimento. E, claro, era necessária uma agência de design para realizar o trabalho.

Mas, na pequena cidade onde morava, não havia empresas de criação especializadas nesse ofício. Precisaria, então, contatar alguma agência distante, aguardar a visita desse profissional à sua cidade, passar o briefing e esperar várias semanas para receber as opções de ilustração e conceito. Havia, ainda, a questão do preço e o baixo valor alocado no orçamento para essa despesa.

Preocupado com a distância do fornecedor, os custos extras de deslocamento e a demora na finalização do trabalho, o gestor resolveu ouvir a sugestão exótica de um dos jovens do escritório e tentar uma solução diferente: utilizar uma rede colaborativa virtual internacional que permitia a qualquer interessado colocar seu briefing na internet, definir o valor que estava disposto a pagar e aguardar que um profissional, que poderia estar em qualquer parte do mundo, aceitasse fazer aquele trabalho, criando a marca e seu desenvolvimento pictórico.

O processo foi simples: ele escreveu o resumo do que precisava em um formulário, definiu o valor que pagaria caso aprovasse o trabalho e apertou *Send*.

Dias depois, centenas de opções de marca chegavam a seu computador. Eram enviadas por artistas, estudantes e diretores de arte de países tão distantes quanto Singapura e Dinamarca, mas também havia muito material enviado da Argentina e de várias cidades mais próximas do Brasil. Foi até difícil escolher pela quantidade de opções. Além dos vários materiais que não pareciam adequados para atender àquele desafio, havia coisas muito boas, grandes sacadas, belos traços, sugestões inusitadas de nomes e uma qualidade criativa muito razoável.

Quem enviava tinha dedicado tempo para aquela tarefa específica em busca da remuneração, ou então eram pessoas que exercitavam sua criatividade com o objetivo de criar seu portfólio. Mas a grande maioria eram profissionais que já haviam criado, em algum lugar do mundo, marcas para aquele tipo de empresa. E, das dezenas que haviam desenvolvido, apenas uma ou outra foi aproveitada em seu país de origem. O resto estava lá esquecido no fundo da gaveta ou no HD do computador. Foi só resgatar e enviar para tentar ganhar o dinheiro oferecido e reciclar aquelas ideias.

O custo foi uma fração do orçamento inicial. Nesse momento, o dono da empresa percebeu que o modo de construir relações entre empresas tinha mudado e que as velhas fórmulas, cheias de segredos e rituais tradicionais, haviam se transformado em redes colaborativas em que a criatividade e a agilidade acabavam se tornando a verdadeira alma do negócio.

Na era pós-digital, a sociedade em rede acabou criando um novo tipo de inteligência, também em rede, chamada *exteligência*. A inteligência está dentro das nossas cabeças, enquanto a exteligência é todo esse capital cultural humano ao nosso redor, disponível e acessível a hora que quisermos e ao toque de um botão. Cada um de nós é parte dessa rede e pode acessá-la a qualquer momento. E agora, no mundo profissional, essa é a tônica dos negócios.

O crescimento dos sistemas colaborativos — como a rede de designers e criadores de logomarcas — não deve ser considerado novidade no mundo pós-digital, já que a internet nasceu justamente da necessidade que os cientistas sentiam de trocar informações e, portanto, de colaborar, trabalhar juntos sem que seus orçamentos fossem consumidos por tarifas telefônicas internacionais ou custos de envio de fax (o papel custava caríssimo), ou ainda sem ter de ficar a mercê dos correios. Chega a ser irônico pensar que os primeiros esforços para a criação de redes de computadores ocorreram nos anos 1960, em plena Guerra Fria, justamente para proteger informações militares sigilosas.

A ideia era descentralizar e compartilhar para que, no caso de ataque de uma potência inimiga — a União Soviética —, os segredos dos Estados Unidos não fossem revelados, deixando o país vulnerável. Para isso, era preciso criar uma rede, e foi o que a ARPA (Advanced Research Projects Agency) fez, batizando-a de ARPANet. A rede militar entrou em funcionamento em 1969, mesmo ano em que o homem pisou na Lua pela primeira vez. Mas tudo que é em rede não permanece restrito por muito tempo, e o conceito foi parar no mundo acadêmico.

Em 29 de outubro do mesmo ano, o primeiro e-mail da história foi transmitido pelo professor Leonard Kleinrock, da Universidade da Califórnia, em Los Angeles, para o Stanford Research Institute. A mensagem era "login", mas o computador do laboratório de Stanford travou antes de receber o "g". Foram apenas duas letras, mas elas significaram um grande passo para a humanidade.

Nesse ponto da história da ciência, nos anos 1970, a importância de trocar informações já fazia parte da cultura dos cientistas que, por séculos, costumavam se encastelar até concluir suas invenções. Só se pode especular as razões para essa mudança de atitude, mas várias circunstâncias convergiam para que o compartilhamento de informação passasse a ser visto como básico na ciência. A complexidade crescente dos assuntos a serem pesquisados e das invenções a serem desenvolvidas exigia trabalho em grupos multidisciplinares.

A corrida para a conquista do espaço, que estava no auge naquele momento, mostrou a importância da coordenação de diversas especialidades por meio da estrutura da NASA. O espírito contestador e libertário da contracultura, que teve seu ápice no ambiente universitário naquela época, também participou da valorização dos comportamentos que implicavam em compartilhamento de informações.

De acordo com o sociólogo espanhol Manuel Castells, considerado uma das maiores autoridades mundiais na análise dos efeitos da tecnologia na sociedade, economia e política, "a internet é, acima de tudo, uma criação cultural". Como muitos desses cientistas desenvolviam suas pesquisas junto a universidades e também lecionavam nessas instituições, a nova forma de comunicação foi se espalhando pelo mundo acadêmico ao longo da década de 1980 como ferramenta de intercâmbio e ponte social entre os cientistas.

Foi só em 1992 que o físico e cientista da computação britânico Tim Berners-Lee, então trabalhando no CERN (Conseil Européen pour la Recherche Nucléaire), criou a World Wide Web, versão acessível e comercialmente viável da rede, a partir da união de alguns dos seus trabalhos anteriores, como a ideia de hipertexto, a construção do primeiro site e o desenvolvimento de outras fontes.

Em 1994, ele fundou o W3C (World Wide Web Consortium) no MIT (Massachussetts Institute of Technology), composto de empresas que estavam dispostas a criar normas e recomendações para melhorar a qualidade da rede. Por razões ideológicas, Berners-Lee deixou sua ideia disponível livremente, sem patente ou royalties e, seguindo essa filosofia, o W3C optou pelo caminho de não cobrar pelas inovações e permitir que qualquer pessoa pudesse adotá-las sem custos.

Por tudo isso, Berners-Lee foi condecorado cavaleiro da Ordem do Império Britânico e ganhou o título de Sir. Em 2004, ganhou o Millenium Technology Prize, que inclui um prêmio em dinheiro de 1 milhão de euros. E continua incansável em sua luta por uma internet livre de barreiras e politicamente neutra. O desejo de disseminação de seus criadores fez com que a web avançasse rapidamente. Em 1994, um login na rede e um endereço de e-mail eram privilégios reservados apenas aos pesquisadores dos cursos de pós-graduação, e para acessar o sistema era preciso usar um dos computadores da universidade.

Em 1996, ter um e-mail já era uma realidade em toda parte. Ao ganhar o mundo, a internet manteve sua fidelidade aos conceitos de colaboração, compartilhamento, descentralização e gratuidade, e contagiou o planeta com sua vocação inicial de permitir que as pessoas trabalhassem juntas e colaborassem, no sentido mais literal. Com o tempo, essas tendências se depuraram, evoluíram e ganharam ubiquidade na era pós-digital.

Hoje, graças à velocidade de conexão e à potência dos processadores, a rede mundial de computadores faz com que as distâncias físicas desapareçam e torna eficiente a troca entre pessoas que trabalham em um mesmo projeto a distância — estejam elas separadas por uma divisória de compensado ou por continentes e oceanos. A riqueza da troca, a facilidade da colaboração e do desenvolvimento de relacionamentos sociais típicos do mundo pós-digital colocaram em xeque as atitudes individualistas. Não é que todo projeto tenha de ser exposto em detalhes para a concorrência, mas o fato é que o número de pessoas envolvidas nos projetos nos dias de hoje não combina com o nível de segredo e individualismo que (paradoxalmente) costumava permear as ações corporativas.

A relação entre segredo e individualismo é intrínseca. Há uma história que conta que certa vez um sujeito disse a Tancredo Neves (político nascido em Minas Gerais, presidente eleito, mas nunca empossado, famoso por sua inteligência e diplomacia), em tom conspiratório: "Dr. Tancredo, tenho um segredo que preciso contar para o senhor..." Nesse ponto, o político teria interrompido seu interlocutor com o pedido: "Não me conte, não. Se o senhor, que é dono do segredo, não está aguentando mantê-lo, não sou eu quem vai conseguir." A lógica da resposta é clara. Não há segredo quando há muita gente envolvida. Como a internet é um lugar de compartilhamento, o individualismo não tem espaço. É impertinente, impopular e improdutivo.

Em contrapartida, a web é o ambiente perfeito para que uns ajudem os outros em prol do bem comum. Os sistemas colaborativos permitem que vários profissionais atuem em um determinado projeto ou situação, desenvolvendo uma autoria conjunta. Essa forma de trabalhar, entretanto, só se tornou viável depois de saltos evolutivos bastante recentes. Nos anos 1970, a tecnologia de processamento de dados começou a alcançar as grandes empresas e, conforme a complexidade dos sistemas aumentou, já eram chamados de sistemas de informação nos anos 1980. A internet e os softwares que permitem atualizações constantes transformaram o cenário e hoje se fala em sistemas de comunicação — vale lembrar que, em sua origem, a palavra comunicação veio do verbo latim *communicare*, ou seja, o ato de tornar as coisas comuns, no sentido de compartilhadas.

Boa parte dos softwares que usamos hoje é resultado de colaboração. O processo evolutivo do Microsoft Windows, por exemplo, se baseou nos feedbacks dos usuários de versões beta. As melhorias nos aparelhos iPhone, da Apple, têm como fonte as descobertas dos usuários reportadas à empresa. Essa forma de produzir acabou por se tornar uma filosofia que se expressa por meio de mudanças de mentalidade e estilo de vida. Hoje, tudo é colaborativo.

Um dos exemplos mais claros desse tipo de atitude mental viabilizada pela tecnologia é o aplicativo Waze, cuja função, segundo declaração dos criadores, é contribuir para o bem comum nas ruas e estradas. Sua filosofia é que, ao conectar os motoristas uns com os outros, será possível criar comunidades locais que possam colaborar para melhorar a qualidade do trânsito no dia a dia. O aplicativo permite contribuir de diversas formas com as informações sobre o tráfego. Ao informar o destino para onde se está indo, o aplicativo já usa essas informações para estabelecer parâmetros de fluxo de tráfego e tempo de chegada.

Mas o usuário pode ser ainda mais ativo e informar coisas que vê pelo caminho, como buracos e acidentes, para ajudar quem pretende usar aquela rota: se devem evitá-la ou, no mínimo, se preparar para o que vão enfrentar. Além disso, por trás dos mapas, existem editores online que avaliam os dados em suas áreas e fazem atualizações instantâneas.

Enquanto isso, o 99Taxi e o Easy Taxi são alguns exemplos de aplicativos nacionais que alteraram completamente o cenário da relação taxista/passageiro, tornando inúteis as centrais de atendimento e facilitando muito a vida de quem precisa se locomover na cidade com rapidez e segurança. O próprio fato de hoje existir um aplicativo para cada situação é efeito da atitude colaborativa típica da era pós-digital. Em 2008, Steve Jobs fez algo que para o mundo dos negócios soou ousado, mas que era totalmente natural no contexto da internet. Ele abriu o iTunes para aplicativos feitos fora da Apple e criou a App Store. O modelo de negócio era simples: a Apple ficava com 30% do valor do aplicativo, independente do preço que o desenvolvedor decidisse cobrar por ele. A abertura foi um sucesso. Em seis meses, mais de 50 mil novos aplicativos surgiram nas "prateleiras" da loja.

Para a Apple, por maior e mais poderosa que seja como desenvolvedora, seria impossível alcançar um número tão grande em tão pouco tempo e com propostas tão específicas. Hoje, mais de 2 milhões de aplicativos estão disponíveis na App Store, deixando clara a força e capacidade generativa dos modelos colaborativos. Essa abertura para desenvolvedores de fora da empresa trouxe enorme riqueza para a plataforma, agradou os usuários e deu asas à criatividade dos programadores. Na internet não há espaço para restrições.

Trata-se, na verdade, de um caso típico de revisão de paradigmas a partir de um fato incontrolável. Quando os iPhones foram lançados, imediatamente hackers do mundo inteiro, inclusive do Brasil, liderados por nosso amigo Breno Masi, começaram a desvendar o sistema e desenvolver softwares para o aparelho. Ao perceber que a luta para evitar os jailbreakers seria inglória, a Apple inverteu a lógica e passou a promover e incentivar, agora sob seu controle, o desenvolvimento colaborativo de aplicativos. Uma decisão que mudou a história dos smartphones e da própria Apple.

A beleza dos sistemas colaborativos é que eles organizam as contribuições, fazendo com que o todo seja sempre maior que a soma das partes. Trabalhando em grupo, cada colaborador desenvolve uma melhor compreensão do problema e pode contribuir criativamente para o processo. O interessante é que cada contribuição criativa reage com a contribuição criativa gerada por outra pessoa e, juntas, essas ideias catalisam novas sacadas e inspiram mais contribuições de outras fontes. No mundo pós-digital, um mais um geralmente é igual a três, porque os sistemas colaborativos, na maior parte das vezes, também são generativos, ou seja, apresentam uma exponencial capacidade de conectar pessoas e estimulá-las a criar novos valores, ideias e realizações.

A tradição do jazz de realizar jam sessions é um exemplo de sistema generativo. O fraseado de um músico com seu instrumento se mistura ao som original de outro músico em outro instrumento para criar algo novo e inédito. A mesma mecânica ocorre no teatro de improviso quando cada ator fala um texto e deixa um gancho para o próximo desenvolver. O resultado da apresentação é sempre novo e inédito porque as deixas são aproveitadas criativamente sem roteiro prévio. Entretanto, a mais perfeita tradução da mecânica do sistema generativo é a própria linguagem.

O linguista do MIT, Noam Chomsky, considera a gramática um sistema generativo. Segundo ele, a partir de um conjunto de regras e fonemas foi possível desenvolver um rico, variado e crescente sistema de linguagem que conecta todos nós e nos permite vivenciar emoções e sensações, criando, assim, coisas novas e surpreendentes. "Generatividade é a capacidade de um sistema produzir mudanças não antecipadas por meio de contribuições não filtradas de públicos amplos e variados", explica Jonathan Zittrain, professor de Direito da Internet em Harvard e uma das maiores autoridades mundiais em assuntos relativos à intercessão da internet com o mundo jurídico, incluindo questões sobre propriedade intelectual, censura, filtragem para controle de conteúdo e segurança nos computadores.

Se, pela definição, o conceito de generatividade parece ainda etéreo e estranho, ele fica bem mais consistente e familiar quando reconhecemos suas características: viralidade, adaptabilidade, acessibilidade, facilidade e transferibilidade. Em outras palavras, o sistema precisa permitir que algo se espalhe rapidamente por meio da viralidade; deve se adaptar conforme se distribui e atinge um espectro maior de públicos e culturas; ser acessível a qualquer um e em qualquer lugar; ter processos simples que permitam a participação indistinta de todos e ainda permitir que as contribuições se transfiram de um para outro.

As pessoas não se dão conta, mas quando um grupo de amigos comenta uma festa no Facebook é como se estivessem escrevendo um conto, só que por meio da colaboração, e cada contribuição faz a situação ficar maior, diferente, gera novos rumos, dá viradas na história. Conforme os posts vão viralizando, o relato vai se adaptando à visão de cada um dos relatores, já que eles têm acesso ao conteúdo, facilidade de acrescentar sua visão e de transferir tudo para quem não esteve lá. Sim, a fofoca é um sistema generativo, afinal, quem conta um conto aumenta um ponto.

A internet é a mais incrível ferramenta de generatividade já criada pelo homem porque permite a geração espontânea de conteúdo autoral, bidirecional e multidirecional. E as redes sociais acabam se transformando no grande cenário no qual essa generatividade digital acontece, por sua ubiquidade, facilidade de uso, e, por estar também no celular, oferece grande mobilidade. Graças à generatividade, a Wikipédia se transformou na versão 2.0 da Biblioteca de Alexandria, onde todo o conhecimento humano estava reunido entre os séculos III a.C e IV d.C. A diferença é que, em vez de ser um investimento literalmente faraônico, a Wikipédia se desenvolveu por meio da colaboração.

Na verdade, seu conceito foi uma evolução de algo que surgiu antes na internet. A primeira iniciativa de trazer uma biblioteca para o mundo digital ocorreu em 1993, quando a Microsoft lançou a enciclopédia Encarta em CD-ROM ao custo de mil dólares. O desenvolvimento da internet e a manutenção do espírito libertário fez com que, em 1999, surgisse a GNE, espaço em que qualquer pessoa poderia publicar suas opiniões sobre qualquer assunto.

Essa ideia serviu de base para outra e, em 2000, Jimmy Wales investiu um pouco do dinheiro que havia ganhado com um site de busca de conteúdo erótico, o Bomis, lançado em 1996, e criou a Nupedia, a primeira enciclopédia generativa da web. A Wikipédia foi o estágio evolutivo seguinte e se tornou um instrumento fundamental de difusão da cultura e do conhecimento. Além disso, o fato de ser livre permite que mais informação passe a fazer parte da rede. Por exemplo, se um filho dedicado quiser escrever sobre a biografia de sua mãe, que ganhou um concurso de miss nos anos 1960, ele poderá incluir essa informação, que ficaria sem registro caso houvesse restrições à adição de novas páginas. Na Wikipédia, a geração, a ordem e o controle são pulverizados e a própria comunidade que colabora também a controla.

A internet foi desenvolvida em camadas: primeiro vieram as redes, depois os protocolos, aí vieram os aplicativos, os conteúdos e o social. Os três primeiros criaram a plataforma, o conteúdo foi gerado espontaneamente, e o social fez com que esse sistema generativo explodisse em dimensão e alcance. A Wikipédia é um exemplo do que ocorre com os sistemas generativos em geral: permitem que regras para seu funcionamento sejam definidas, mas não o conteúdo que será inserido. Isso contraria o parâmetro que vem orientando a mídia no último século, porque sistemas generativos não admitem editores e centralização de poder. Não há filtros antecipados nem limites temáticos ou dimensionais.

As páginas e sites em que os usuários escrevem sua avaliação de um produto são, também, um bom exemplo dessa liberdade. Muitas vezes chega-se a essas avaliações por meio dos sites dos fabricantes, e nelas existem relatos de problemas e críticas ao próprio fabricante. Essa situação seria impensável há pouco mais de 20 anos. Naquele ponto, a produção de conteúdo — de uma mera informação até uma crítica — era completamente controlada para que nada negativo jamais fosse veiculado.

Graças ao desenvolvimento e à popularização dos blogs e da presença de ferramentas de busca como o Google, as pessoas puderam se expressar e ser descobertas por audiências muito além do seu círculo de influência no mundo físico. Isso permite fenômenos como a blogueira Tavi Gevinson que, aos 13 anos, já havia se transformado em referência de moda e estilo para milhões de leitores, seguidores e consumidores de seus produtos. Graças à generatividade da internet, estamos participando do fim dos limites.

Ela traz a possibilidade de se expressar e virar mídia, influenciar pessoas em qualquer ponto do planeta, interagir com o conteúdo de qualquer veículo, ir tão fundo em um assunto quanto se queira, consultar qualquer biblioteca nos quatro cantos do mundo. E isso tudo está apenas a poucos cliques de distância. Os blogs ou páginas em redes sociais são expressões da generatividade libertária, que permite que as pessoas possam se expressar sem restrições, granjeando fama e prestígio de forma completamente independente e paralela às oportunidades que a mídia oferece seletivamente.

Na era pós-digital, ferramentas de busca como Google, Yahoo! e Bing são os verdadeiros instrumentos de valorização e incentivo da popularidade. Os conteúdos mais visitados ganham prioridade na lista, o que só tem o efeito de exacerbar a visitação e o consumo desses conteúdos.

Nesse sentido, a tecnologia tem sido um grande estimulador de generatividade que leva à inovação. E vale lembrar que a nobre arte da inovação vai além de criar e inclui copiar, transformar e combinar. A generatividade permite que trabalhos inovadores sobre questões bastante importantes se desenvolvam com uma agilidade inédita. Isso ocorre em todos os setores da atividade humana, mas especialmente em quatro grandes áreas: educação, saúde, controle e gestão. No setor de educação, os sistemas generativos estão provocando uma mudança importante: da aquisição de conhecimento para a criação de conhecimento, ao permitir a colaboração entre professores e alunos de diversas áreas e instituições. Algumas das melhores universidades do mundo, como as norte-americanas Yale, MIT e

Stanford, oferecem cursos pela internet que incluem as contribuições dos alunos de forma colaborativa e generativa, criando mais conhecimento.

Mas o exemplo mais ilustrativo da generatividade na educação é o surgimento e a evolução dos MOOCs, acrônimo em inglês de *Massive Open Online Course*. Segundo a definição da Wikipédia, é um tipo de curso aberto na web (por meio de ferramentas da web 2.0 ou de redes sociais) que visa oferecer, para um grande número de alunos, a oportunidade de ampliar seus conhecimentos num processo de coprodução. Mais que simples cursos online, os MOOCs são uma progressão dos ideais de educação aberta e democrática com capacidade de atingir milhões simultaneamente.

Embora o envolvimento de cada indivíduo possa ser semelhante ao de um curso em uma faculdade ou universidade, os MOOCs normalmente não exigem pré-requisitos, mas também não oferecem certificados de participação reconhecidos pelo MEC. É um conceito novo, aberto, participativo e generativo.

No setor de saúde, a revolução trazida pelos sistemas generativos tem potencial extraordinário e pode, além de trazer mais qualidade de vida, efetivamente salvar vidas e ainda reduzir os custos dos sistemas de saúde. Em vez de ajudar na cura, esses sistemas vão ajudar na prevenção e ir além, permitindo que médicos possam predizer quais doenças uma pessoa tem maior tendência a desenvolver. É o que faz a equipe da empresa 23 and Me, que oferece um mapeamento genético, apontando quais doenças esse indivíduo tem maior chance de desenvolver. A partir dessa informação, é possível planejar suas estratégias de prevenção e, eventualmente, relaxar com cuidados preventivos em outras áreas. Até aí, o que há de generativo? Nada, já que o diagnóstico feito a partir do DNA isoladamente só tem impacto para quem o faz.

Mas o sistema generativo entra nessa história porque, a partir do conjunto de milhões de diagnósticos individuais sobre incidência potencial de doenças e seus respectivos cruzamentos com hábitos e comportamentos sociais, é possível construir novos conhecimentos e descobrir influências inesperadas que contribuem para a melhoria de saúde e redução de riscos de toda uma comunidade. Com isso, desenvolve-se uma verdadeira rede social orientada para a saúde de seus membros, daí o mapeamento se torna um excelente exemplo de sistema generativo.

Foram exames como esses que fizeram com que a atriz Angelina Jolie optasse por extrair as duas mamas devido à alta probabilidade de desenvolver câncer. O cruzamento de informações sobre mulheres com mesmo problema e seu estilo de vida demonstrou que essa seria uma tendência muito difícil de reverter. Em outros casos nem tão radicais, a simples informação de que hábitos alimentares ou comportamentais contribuíram para que outros membros da comunidade tenham controlado sintomas de doenças semelhantes ajuda a todos na alteração do seu estilo de vida. Atualmente, a 23 and Me possui milhões de pessoas em seu banco de dados e, por meio de algoritmos e constante interação com seus membros, a empresa desenvolve um banco de fatos que tem colaborado muito para a descoberta de soluções para problemas de saúde de toda a coletividade.

Enquanto isso, no mundo da gestão, a mudança principal trazida pelos sistemas generativos é a passagem de closed source para open source. Ou seja, de empresas que só vendem o estoque de que dispõe a empresas que tem estoques abertos e flexíveis para atender à demanda. Por exemplo, se alguém quer alugar um carro por algumas horas em uma locadora internacional, dessas de rede, terá que pagar a diária toda e ainda se deslocar até a loja mais próxima para pegar ou entregar o carro, ou terá de pagar mais caro pelo serviço de delivery ou pick-up. Com locadoras com conceito de open source, como a ZipCar, é tudo diferente.

Nesse modelo de negócio, a locadora não possui carros nem tem pátios ou lojas, faz apenas a intermediação entre proprietários particulares de automóveis e as pessoas que querem usá-los, indicando onde estão e cuidando das questões burocráticas, como seguro e pagamento.

O funcionamento é simples: o dono do carro diz onde ele estará e por quanto tempo estará livre. Digamos que esse dono trabalhe no centro da cidade das 9h às 19h, de segunda a sexta. Durante todo esse período, o veículo fica ocioso.

Ao disponibilizá-lo para aluguel, o carro pode contribuir com o orçamento da família pagando as próprias despesas ou mesmo gerando lucro. Para alguém que está no centro da cidade pertinho do carro, precisando apenas utilizá-lo por algumas horas, a solução também é perfeita, pois o processo de locação é mais fácil e rápido, sempre feito pelo celular.

Além da ZipCar, há outras com a mesma filosofia no mercado norte-americano, como a GetAround, cuja propaganda garante que quem disponibiliza o carro para aluguel ganha mil dólares em três meses. Já a WhipCar, na Grã-Bretanha, estima os ganhos anuais dos locadores em mais de mil libras. A base do controle de estoque dessas empresas são as informações trazidas pelos locadores sobre onde os veículos estão estacionados.

Em São Francisco, um aplicativo de caronas está transformando o transporte em paquera, unindo pessoas que precisam ir para o mesmo destino e gostam de ampliar sua rede de relações. É o Lift, que oferece seguro de US$1 milhão contra acidentes de qualquer tipo e transforma sua ida cotidiana ao trabalho em uma oportunidade de conhecer amigos e talvez até um novo amor. O conceito de que cada um tem suas coisas e que ninguém deve mexer nelas é anacrônico.

Em sociedades rurais, em que cada unidade produzia o que precisava para sobreviver e limitava as trocas ao necessário, o individualismo encontrou um terreno fértil. Mas, na vida em rede, ele se tornou uma erva daninha que só tende a deixar quem a ele se apega no acostamento das estradas do mundo pós-digital. Várias novas formas de consumir indicam claramente uma mudança de comportamento que une a colaboração e a sustentabilidade em um mesmo guarda-chuva proporcionado pela tecnologia. Aliás, por que construir mais garagens — algo que exige espaço e consome recursos — se as garagens de prédios muitas vezes ficam ociosas metade do dia? Assim, surgiu um aplicativo que lista as garagens livres em um determinado período. Com isso, se durante o período da tarde a vaga sempre está livre, outras pessoas podem utilizar aquele espaço.

Pegue, por exemplo, uma cidade como São Paulo, na qual edifícios comerciais convivem lado a lado com edifícios residenciais.

Nos edifícios comerciais, a garagem fica cheia durante o dia e vazia durante a noite. Já nos residenciais, é o inverso. Ficam às moscas durante o dia e apinhadas de veículos durante a noite. E aí fica a pergunta: por que não compartilhamos os espaços? A resposta é: porque não pensamos assim. Porque não entendemos as áreas comuns como bens comuns que precisam ser otimizados em seu uso para que realmente possamos nos considerar uma sociedade sustentável.

Na era pós-digital estão surgindo empresas no mundo inteiro como a JustPark, cujo objetivo principal é exatamente este: coordenar a utilização segura e responsável dos espaços vazios ou ociosos de estacionamentos das grandes cidades. Eles criam novos esquemas de segurança e controle permitindo que condomínios tenham renda extra e ofereçam mais espaço e conforto a seus usuários.

Essa é uma visão ecológica e racional da vida nas metrópoles que começa agora a ser entendida e valorizada por seus habitantes.

A agilidade dos sistemas de compartilhamento baseados em informações pela internet está incomodando algumas categorias. Em 11 de junho de 2014, os motoristas de táxi londrinos fizeram um protesto contra o aplicativo Uber, que coloca usuários de smartphones em contato com motoristas interessados em "dar uma carona". Não por acaso, o serviço nasceu em São Francisco, a metrópole mais próxima ao Vale do Silício e que tem sido fonte de boa parte da inovação tecnológica e comportamental desde os anos 1960.

Hoje, o aplicativo já funciona em mais de 80 cidades do mundo, inclusive no Brasil, onde a pressão contrária também foi colossal. A corrida é ligeiramente mais barata que o táxi e a isso se soma o fator agilidade, que pode colocar um carro para o destino desejado em sua frente em pouco tempo. A cobrança é feita por meio do cartão de crédito cadastrado no aplicativo. A Uber só aceita motoristas que estejam devidamente documentados, determina alguns modelos de carro e oferece seguro de acidentes pessoais para motoristas e passageiros.

Tanto profissionalismo despertou a ira dos motoristas dos famosos táxis pretos de Londres, assim como nas nossas cidades de São Paulo e Rio de Janeiro, para quem o aplicativo promove uma concorrência desleal. Apesar disso, não há como negar que a tecnologia e a sensação de compartilhamento seduzem as pessoas. Graças ao sistema de *sharing* foi possível multiplicar a frota em uma proporção que seria antieconômica para qualquer empresa. Por isso, serviços como esse continuam a crescer. Com menos de 5 anos de atividade, a Uber já tinha seu valor em cerca de US$19 bilhões, ou pouco mais de R$60 bilhões — valor superior ao da gigante e tradicional Hertz ou sua competidora, Avis, que estão no mercado há décadas.

Um dos maiores fenômenos nesse sentido é o Airbnb, um serviço que coloca em contato pessoas que desejam hospedagem com outras que têm um quarto disponível ou que não se importam de sair de suas casas para dar lugar a um estranho pagante. Funciona nas principais metrópoles do mundo e tudo é feito e controlado pelo site. Em termos corporativos, o Airbnb entende as casas dos associados como um imenso estoque de camas subutilizadas e prontas para integrar o mercado de hospedagem.

O legal disso é que não é preciso fazer investimentos monumentais para a construção de hotéis; é só otimizar o que já existe. Nada mais sustentável. São empresas como a ZipCar e o Airbnb que transformam capital em meio circulante, dando liquidez a bens privados, fechados ou exclusivos.

As vantagens desse sistema vão desde a possibilidade concreta e pragmática de escolher a localização mais conveniente em uma determinada cidade até razões mais etéreas, como ter a sensação de pertencimento ou mesmo se sentir vivendo outra história de vida. É quase como ter um Second Life na vida real, por tempo predeterminado.

Estrelada por Kate Winslet e Cameron Diaz, a comédia romântica *O Amor Não Tira Férias* mostra o que aconteceu na vida de uma britânica e uma norte-americana de Los Angeles quando resolvem trocar de casa por meio de um site. Peripécias cinematográficas à parte, o filme mostra bem como, em uma situação dessas, não há como manter segredos.

De fato, a era pós-digital nos mostra que hoje se está um passo adiante do compartilhar e do colaborar, estamos na era em que esses verbos desembocam na generatividade, ou seja, na atividade de gerar. Em um mundo como esse, não há lugar para segredos. A alma do negócio é interagir e criar conteúdos e situações novas e melhores. Lutamos durante séculos pela nossa independência. Nossa luta agora é aprender a viver na era da interdependência. Empresas ainda não pensam assim, mas vão ter de pensar.

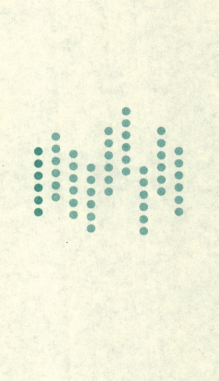

O NEXIALISMO E O MARKETING

Retomo o conceito mencionado sobre a antologia de histórias de ficção científica *Missão Interplanetária*, escrita por A. E. Van Vogt, considerada um clássico das aventuras cósmicas e servindo de base para muitas criações posteriores do cinema e da literatura. O personagem central dessa obra, que muito inspirou toda a série *Star Trek*, era o único nexialista a bordo da nave e, por não ser um especialista em nenhuma disciplina específica, era olhado com certo desdém pelos demais colegas cientistas. Não é preciso dizer que, em quase todas as situações de perigo ou risco vital para a nave e seus tripulantes, era sempre o nexialista que surgia como herói. Único generalista e integrador processual entre vários especialistas focados em suas respectivas disciplinas, ele acabava sendo responsável pela solução final que dava sobrevida a todos e fazia a nave avançar rumo ao futuro e aos novos desafios.

Nesse livro foi usado pela primeira vez o termo *nexialismo*, que significa hoje uma espécie de supraciência que integra de maneira sinérgica, complementar e sequencial as várias disciplinas que compõem o conhecimento humano, de modo que as coisas e atividades façam nexo entre si. Trabalhando com os paradoxos da consistência e do determinismo, é uma abordagem que aproveita os insights gerados por diferentes disciplinas e os integra de maneira que produzam resultados exponenciais.

No fundo, em um universo de especialização cada vez maior, nada mais importante que se ter a visão do todo, poder enxergar a floresta além das árvores; ser capaz de desenvolver princípios e critérios comuns para o julgamento de nossas ações. E, no mundo dos negócios, é cada vez mais importante encontrarmos alguém que não necessariamente saiba a resposta para todas as perguntas, mas que seja capaz de saber onde olhar para buscá-las.

Alguns chamam isso de pensar *out of the box* — fora da caixa —, outros de gestalt, visão sinérgica, holística ou qualquer outro termo. Fazendo um paralelo desses conceitos com o marketing, é importante entender que nenhumas das soluções que buscamos para nossas empresas e nossas marcas virão de uma ferramenta de comunicação específica ou de um só especialista.

Outro dado importante é que o pecado original distorce. Somos tendenciosos e acabamos contaminando nossa análise do problema pelo vício de origem. Para um físico, tudo são forças. E para um filósofo tudo começa no homem. E a nossa conclusão é que, assim como nas viagens interplanetárias, precisamos de mais nexialismo na comunicação e no marketing empresarial.

Para um publicitário, qualquer problema encontra solução em um anúncio ou comercial. Já um especialista em CRM vê o mundo por meio de um webmail ou mailing. Somos divididos em tribos especializadas em ferramentas, e não em soluções. Planejamos, criamos e remuneramos toda a indústria da comunicação por meio de compartimentos estanques.

Por isso, a comunicação integrada acaba sendo bastante falada, mas pouco praticada. Muito se escreve e se debate a importância da comunicação integrada, mas pouco ou quase nada vemos de comunicação "entregada".

Faltam, em nosso mercado, empresas e profissionais com uma visão sinérgica e isenta que permita ter ideias e buscar soluções que integrem múltiplas ferramentas e múltiplas abordagens sem peso específico ou ênfase preconcebida a nenhuma delas. E isso porque faltam mais nexialistas a bordo de nossa nave.

Comunicação integrada não é apenas utilizar as mesmas imagens, textos ou conceitos nas várias peças de comunicação da campanha. Se fosse só isso, seria fácil.

É, antes de tudo, a perfeita integração da campanha com a personalidade da marca. É, também, a sinergia da mensagem com o conteúdo do veículo no qual está inserida e com o ambiente editorial que envolve a campanha. É, ainda, a integração com o cotidiano dos consumidores, entendendo seus hábitos e atitudes, preferências e incômodos.

No fundo, comunicação integrada é nexialismo puro. É respeito ao meio ambiente e ao ambiente do meio, ou da mídia. E ela depende de nossa capacidade de integrar de maneira sinérgica, equilibrada e isenta, ousadia e pertinência (coragem e responsabilidade), criatividade e tecnologia (adequação e conhecimento), mídia de massa e segmentada (abordagem individual e coletiva), tática e estratégica (resultado imediato e posicionamento perene) e comercial e editorial (meio e mensagem).

Não é apenas uma questão de conhecimento ou experiência; é uma questão de ótica e de ética. Ótica de enxergar o todo e não apenas as partes, e ética de ter a coragem de recomendar a solução ideal, e não apenas aquela que interessa e melhor remunera a agência ou acabe gerando prêmios e reconhecimento ao diretor de criação. Nexialismo é a totalidade concebida e aplicada. Isenta e soberana. Só por meio dela podemos assegurar os resultados esperados.

Todos nós sabemos que, como na nave espacial de Van Vogt, a comunicação e o marketing estão sendo atacados cada vez mais por criaturas alienígenas que geram a crescente irrelevância de nossas mensagens. Quem sabe a história se repete e, assim como na *Missão Interplanetária*, podemos ser salvos pelos nexialistas a bordo. Quem viver verá.

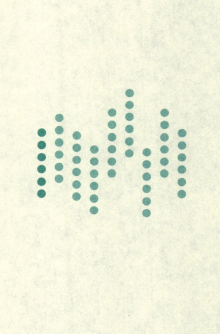

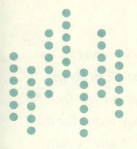

QUANTO VALE UMA IDEIA? DEFININDO A REAL IMPORTÂNCIA DA INOVAÇÃO

Há uma estranha ligação direta do conceito de ideia com o conceito de invenção. Explico: somos, com frequência, vítimas de critérios que usamos para avaliar nossa performance, definir verbas de comunicação, julgar nossos políticos, e até na compreensão do significado das palavras. E, por isso, acabamos interpretando ideia como invenção, entendendo uma como sinônimo da outra. Daí a figura da lâmpada, tão usada para significar o tema.

Na verdade, *ideia* é um conceito muito mais abrangente, que envolve criatividade, ousadia e quebra de paradigmas.

Já *inovação*, é um termo muito usado entre nós, empresários e executivos, e extremamente valorizado em todos os textos e rodas de conversa. Inovação é o nome do jogo para homens de negócio. Mas aí também somos vítimas do critério. Entendemos inovação no seu senso restrito. Na aplicação de tecnologia, em um produto revolucionário, sofisticado, complexo.

Inovação é simplicidade. Inovação é o óbvio revisitado. Inovação é fazer de um jeito diferente aquilo que os outros fazem igual. É proteger marcas e produtos, e não apenas proteger você. Aliás, o jeito mais fácil de se proteger é não inovar. Inovação, em uma organização, é o que faz a diferença entre grandes executivos e pobres executados. É o que separa os homens dos ratos. É o que transforma a evolução das espécies em uma revolução das espécies.

Pessoas, marcas e produtos fazem diferença por meio da inovação. E ela pode estar em tudo e em todo lugar.

Inovação na forma de distribuir seus produtos, na aplicação de sistemas de produção, na forma de remunerar seus colaboradores, de manter um relacionamento com seus clientes e até de atender o telefone.

A inovação pode estar em tudo, mas, antes, tem de estar dentro de cada um de nós. Inovação é um estado de espírito, uma filosofia de trabalho, um modo de vida, um modelo de gestão e de relacionamento adaptado aos novos tempos. Só inova quem tem coragem de ousar, ir além, não aceitar a crise, questionar briefings e hierarquias, eliminar a subserviência e o comodismo.

É importante frisar que ideia não é inovação; uma é conteúdo e a outra é continente. Ideia é a alma da inovação. E perguntar quanto ela vale é como questionar o valor de um filho ou de um livro que você escreveu.

O conceito de valor sofre o mesmo problema dos conceitos anteriormente explorados. Somos aí, novamente, vítimas do critério. O real valor se encontra só nas coisas que não têm preço, que não se pode e não se deve quantificar.

O real valor da inovação é algo que se sente na alma da empresa e de seus funcionários, e não apenas no bolso de cada um. Inovação combina perfeitamente com períodos de acelerado crescimento e fases de profunda crise. É a única arma capaz de aproveitar a primeira e sobreviver à última.

Há muitos anos, eu trabalhava como responsável pela América Latina na Young & Rubicam. E recebia, não só do Brasil, mas de países como Chile, Argentina e México, relatórios trimestrais repletos de informações que reportavam as razões do não cumprimento do orçamento.

As desculpas envolviam desde inflação alta e queda nas bolsas até crise política, mudança de governo, retração econômica, taxa de desemprego, diferenças cambiais, tudo era informado com precisão explicando porque não estavam conseguindo cumprir os números prometidos no exercício. Eram relatórios extensos e bem elaborados, verdadeiros manuais de como comprovar a inviabilidade de alterar esse cenário.

Enquanto isso, da República Dominicana vinha apenas um curto relatório que dizia: Orçado 2, realizado 3. Resultado 50% acima do previsto. Isso se repetia trimestre após trimestre. E se víssemos a situação do país naquela época, parecia impossível que alguém pudesse sequer trabalhar naquelas condições.

Primeiro, o país não tinha luz. Suas termoelétricas estavam paradas por falta de combustível devido à inadimplência do Estado. Em vez de apagão, havia o acendão, a população era informada quando a luz vinha, e não quando ela ia embora. É bem verdade que, naquela época, o presidente da república era cego. Cego mesmo, sem eufemismos. E, talvez por isso, não considerasse a luz uma prioridade.

Bom, porque não tinha luz, sendo uma ilha sem rios, não havia energia para bombear água, que era racionada também, com multas pesadas para quem fizesse uso exagerado de banho. A inflação era grande, a corrupção do tamanho dos seus problemas, e não podemos esquecer que esse país faz divisa com ninguém menos que o Haiti.

Pois era nesse cenário que a Sra. Damaris, gerente geral da agência, produzia um lucro anual superior a quase todos os outros países da América Latina.

O que ela fazia?

1. Discos com propaganda antes de cada faixa de música. Tornou-se a maior gravadora do país.
2. Kombis com megafone tipo "carro da pamonha" tocando jingles e spots enquanto circulava pelos bairros.
3. Alugava novelas da mexicana Televisa e exibia em telões movidos a gerador nas praças, exibindo comerciais nos intervalos.

A Young & Rubicam tornou-se uma instituição no país e a maior agência da região.

Quem tivesse a curiosidade de visitá-la e decifrar o que movia o seu negócio era capaz de entender o real sentido da palavra inovação.

Primeiro, ela estava mais preocupada em resolver que reportar. Seu relatório era curto porque fatos prescindem de argumentos. E inovação é isso, realizar com vontade, decidir com coragem e buscar soluções com paixão.

Segundo, ela não era como os outros, mais concentrados em *protecting asses than assets* (proteger o próprio rabo e não o patrimônio ou o resultado). E é impressionante o número de executivos que se dedicam até hoje a esse esporte frugal. Inovar é arriscar, ousar, enfrentar adversidades com o espírito aventureiro dos grandes navegadores, ser um astronauta na Terra com a imaginação até onde o Universo alcança.

E, por último, a Sra. Damaris entendia a real importância da inovação, da adaptação, da necessidade de quebrar paradigmas, de gerar ideias compatíveis com a realidade e com o seu tempo.

Afinal, é a ação, a paixão e o envolvimento com as ideias que nos levam para a frente, que movem o mundo e definem o sucesso ou fracasso das organizações.

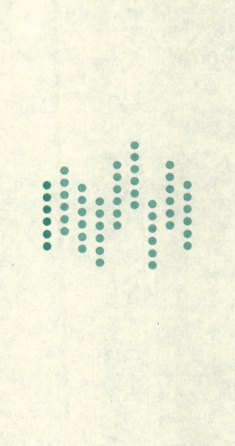

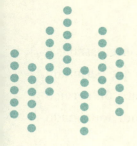

CONSTRUINDO PONTES COM O CONSUMIDOR

A comunicação interativa ou por diálogo é tão antiga quanto o próprio homem. Antes da era da produção em massa, todo processo de comunicação era estabelecido por meio do diálogo pessoal e direto.

Foi somente durante os últimos cem anos que isso mudou radicalmente e nós pudemos assistir ao surgimento e crescimento da comunicação de massa ou por monólogo. Afinal, não tinha outro jeito de se comunicar com o grande mercado consumidor que havia se desenvolvido.

Hoje, graças à fantástica evolução da informática e à brutal redução de custos ocorrida nesse setor, é possível novamente uma comunicação direta, individualizada e interativa com cada um de nossos clientes, independentemente de seu volume ou distribuição geográfica.

Essa possibilidade traz para todos nós a chance de reiniciarmos com nossos clientes um diálogo que havíamos interrompido há um século. E o diálogo é, sem dúvida, a mais eficiente das formas de comunicação. Posso garantir que nada é mais importante do que o diálogo na tarefa de persuadir.

Por isso, empresas de todo o mundo estão cada vez mais interessadas e investindo recursos maiores em ferramentas de comunicação que permitam a identificação de um potencial interessado no seu produto ou serviço e que iniciem um permanente diálogo e relacionamento individualizado com seus clientes.

Na verdade, todo processo de vendas ou de marketing tem como objetivo construir uma ponte de relacionamento com seus consumidores. E hoje, analisando essa engenharia do relacionamento, nós encontramos no mercado os mais diversos tipos de pontes construídas pelas empresas na busca desse encontro com seu público-alvo.

Algumas dessas pontes são pavimentadas e seguras, enquanto outras são de terra, as quais atravessar é sempre uma aventura. Há também as que, independentemente do tempo, são sempre estáveis e seguras, enquanto outras já se tornam bastante escorregadias com qualquer garoa ou crise. Muitos começam a trafegar por essas pontes ainda em obras, construídas pela metade. Isso tudo sem falar das empresas que cobram um alto pedágio por esse diálogo, independente de se antes, no meio ou depois da travessia.

Precisamos definir se nossas empresas vão estabelecer com seus clientes uma relação de monólogo ou mão única ou abrir oportunidade para o diálogo por meio de uma via de duas mãos, plena, segura e permanente. E essa é uma decisão aparentemente fácil, mas de difícil execução.

Difícil porque não se trata de um problema técnico, e sim de uma decisão estratégica de longo alcance e profunda repercussão nos destinos da organização. Infelizmente, existem muitas empresas grandes que, em vez de pontes, acabam construindo verdadeiras pinguelas na relação com seus clientes, construções efêmeras e inconstantes que fatalmente estão levando não ao diálogo, mas ao bate-boca com seu consumidor.

A simples atitude de enviar webmails, criar uma área de atendimento ao consumidor ou ter constante presença nas redes sociais não credencia nenhuma empresa como praticante do marketing interativo. Afinal, ele não se caracteriza por nenhuma dessas ações isoladas. É, antes de tudo, uma forma de encarar o negócio, uma postura ativa de priorizar o relacionamento permanente e crescente com seus clientes, buscando estabelecer uma relação estável e duradoura com o mercado.

E o primeiro passo para essa postura é entender que existem várias fases distintas no relacionamento com o mercado, e cada uma delas tem características também distintas e especiais. É preciso ficar bem claro que cada pessoa tem, em relação a determinado produto ou serviço, diferentes estágios previsíveis e sequenciais de relacionamento.

Essas fases vão desde a ignorância total sobre a existência desse produto, passando pela consideração latente em conhecê-lo, pela busca de mais detalhes na internet, pela atitude de ir à loja ou chamar um vendedor, até o estágio de ele já ser um proprietário ou usuário desse bem ou serviço. E, para cada uma dessas fases, existem ferramentas e argumentações específicas. Não faz nenhum sentido, portanto, nós nos comunicarmos da mesma maneira, usando uma mesma mensagem e por meio de um mesmo veículo, com pessoas que estão em diferentes fases ou estágios de relação com nosso produto.

Assim como no sexo, dizemos que o marketing interativo para ser bem-sucedido depende mais da sequência do que da frequência. E quem já tentou alterar sequências no seu processo de abordagem sabe bem o que isso significa. Mais importante que falar com o público certo é passar a mensagem certa no momento certo e na dose certa. E isso só a comunicação por diálogo permite.

Sem esse conceito, é como chegar em casa todos os dias e se apresentar novamente à sua esposa. E é exatamente isso que fazem milhares de anunciantes na utilização maciça da propaganda tradicional ou da presença nas redes sociais, empregando na sua análise apenas os conceitos de alcance e frequência. Já o marketing interativo, por meio da comunicação por diálogo, permite utilizar três dimensões: alcance, frequência e sequência.

Outro ponto relevante para construção dessa ponte de duas mãos é que satisfazer o cliente é importante, mas não o suficiente. Quanto mais me dedico ao aprofundamento dessa análise, mais claro fica que a busca da satisfação do cliente, até hoje considerada objetivo maior de qualquer organização, começa agora a não ser suficiente na acirrada disputa de mercado. Afinal de contas, atender bem e oferecer um bom produto a preços adequados e no prazo combinado deixou de ser um objeto e passou a ser uma obrigação.

Daqui para a frente, o fundamental é surpreender o cliente, ir além do combinado, ter uma relação repleta de surpresas. Só assim vai ser possível conquistar e, principalmente, manter sua preferência.

Como os conselheiros matrimoniais já vêm dizendo há muitos anos, o elemento surpresa, o fator inesperado, é o ingrediente indispensável para a manutenção de qualquer relação. Precisamos entender que agradar e satisfazer o cliente é a nossa obrigação, mas surpreendê-lo e ir além do esperado é a nossa missão. E, nessa missão, a utilização do marketing interativo é cada vez mais fundamental.

Pessoas estão exigindo cada vez mais respeito à sua individualidade, tanto das outras pessoas quanto de marcas e produtos. Querem ser tratados como indivíduos, e não como massa ou grupos. Ao mesmo tempo em que têm medo de fidelizar relações de qualquer espécie, estão, na verdade, em busca de relacionamentos mais estáveis em um mundo cada vez mais instável.

Pesquisas demonstram que, em períodos de incerteza, a fidelidade a bens duráveis cresce e a produtos de consumo de massa decresce. Essa esquizofrenia aparente revela, no fundo, uma compensação psicológica de grande impacto no comportamento do consumidor e que pode ser positivamente aproveitada pelas marcas e produtos empenhados na comunicação por diálogo.

Outra razão importante para a busca da fidelidade do consumidor é que as pessoas estão vivendo mais tempo e começando a consumir mais cedo. A vida média de consumo dobrou nos últimos 30 anos e com ela dobrou também a importância e a eficiência da comunicação por diálogo. Fica claro, assim, que tomar a decisão de utilizar o marketing interativo, iniciar um processo constante e crescente de diálogo com sua carteira de clientes, construir e aperfeiçoar databases e mensurar resultados de cada ação implementada transformaram-se em pontos-chave para todos nós.

É bom ressaltar, no entanto, que é muito mais fácil, dá muito menos trabalho e exige muito menos esforço manter a aura de qualquer organização por meio do monólogo, ou seja, manter nossa relação com o mercado por meio de uma via de mão única na qual a comunicação é orientada a um só sentido e, por isso, carrega menos riscos. O problema é que com o monólogo você ganha admiração, mas não a preferência; ganha o respeito, mas não o carinho; e eu sinceramente não acredito que qualquer empresa possa ser bem-sucedida daqui em diante apenas conquistando admiração e respeito no mercado. Não é assim que se constroem as melhores pontes.

A SOLUÇÃO É CRIAR PROBLEMAS

Crises cíclicas de mercado sempre foram uma excelente oportunidade para revisar conceitos, reavaliar dogmas e colocar em dúvida os padrões estabelecidos em administração empresarial. São nesses momentos que fica clara a diferença entre eficiência e eficácia, ação e movimento, mando e comando, normalmente considerados sinônimos entre empresas e executivos na avaliação da sua performance.

Grandes corporações, verdadeiros ícones do mundo dos negócios, estão passando por uma profunda crise de identidade e objetivo. Partem, por causa disso, para cortes maciços de pessoal, demissões na cúpula, fechamento de fábricas e unidades, uma verdadeira diáspora feita em nome da necessidade imperiosa de se ajustar aos novos tempos.

A pergunta que fica latente na cabeça de cada um de nós é se tudo isso vai ser suficiente para alterar substancialmente o destino dessas corporações. Afinal, dificuldades conjunturais sempre determinaram alterações estruturais nas organizações. Partimos do princípio de que cortar cabeças ou encontrar culpados já é, *per se*, uma solução para o problema.

Essa visão imediatista, tática e de curto prazo é um comportamento que infelizmente se espalha dos clubes de futebol até as mais sofisticadas empresas do mundo, em que se mudam os profissionais, mas não se altera a ótica de como se deve enfrentar os problemas e as dificuldades. E parece que essa síndrome está se repetindo cada vez mais.

Procurando acompanhar um padrão estabelecido a dezenas de anos por escolas de administração e obedecendo até hoje os headhunters e diretores de recursos humanos, a busca por executivos para ocupar postos de comando nas organizações tem se utilizado de parâmetros e modelos que já não funcionam mais.

Como resultado disso, passamos os últimos 30 anos recrutando e colocando nas posições-chave ou de liderança das nossas empresas executivos de carreira, e não verdadeiros homens de negócio. Vendeu-se a necessidade de uma administração profissional e técnica, e os antigos patrões ou proprietários das empresas cederam seus lugares resignados e confiantes para profissionais de aluguel.

Assim, um novo espírito assumiu o poder nas organizações: executivos que colocam seus objetivos e interesses pessoais à frente dos interesses da própria empresa, estando mais preocupados com *fringe benefits* que com a atuação da concorrência.

Essa troca de comando e alteração do modelo de liderança trouxe como consequência uma ruptura no senso de missão e espírito de corpo dos empregados em geral, passando a existir cada vez mais uma individualidade de interesses, o que é uma situação perigosa para a continuidade da própria empresa.

Se esse fenômeno já tem sido identificado como um problema emergente em mercados estáveis e durante períodos de tranquilidade, em situações de crise ou de indefinição econômica as consequências são ainda mais desastrosas. A verdade é que, em termos pessoais e de perspectiva de carreira, os executivos em geral entendem que a atitude de não decidir é sempre mais segura que tomar decisões, e em uma crise esse dogma é ainda mais verdadeiro.

Criou-se uma nova casta de executivos que se apossou do poder para fazer com que as coisas sigam exatamente como estão. Em vez de tomarem pulso da situação, tomam seus próprios pulsos preocupados com seu nível de tensão e de estresse.

Como consequência disso, nunca tivemos uma mediocridade tão grande no comando das empresas quanto nos dias atuais. É um misto de indefinição de mercado com indecisão de comando. Não decidir tem sido mais seguro para o executivo, mas mais desastroso para as empresas, e a razão desse problema não está na qualidade dos recursos humanos, e sim na missão e no objetivo que lhe são determinados.

Temos contratado profissionais de comando para nossas organizações com a missão de resolver problemas e, na verdade, hoje mais que nunca, precisamos de líderes que tenham a capacidade de criar problemas e depois liderar sua equipe na busca de soluções; verdadeiros homens de negócio que constantemente gerem desafios e que não se contentem com o estabelecido, com o preconcebido, com os dogmas e padrões vigentes.

Padrões clássicos de comportamento empresarial já não funcionam mais para situações atípicas ou não repetitivas, como a que atravessamos atualmente. Modelos estabelecidos servem apenas para prolongar a sobrevida, jamais para desenvolver ou sair da situação na qual nos encontramos. Nós precisamos rapidamente trocar nossos executivos de carreira por verdadeiros homens de negócio, trocar gente especializada em resolver problemas por líderes cuja a função seja criá-los constantemente, revisando conceitos e indo além do estabelecido.

Muitas empresas dos Estados Unidos estão optando nesse momento pelo crescimento orgânico, ampliando o número de profit centers e dando seus comandos a mini ou microempresários. Títulos de MBA e Ph.D. perdem gradativamente a importância dentro dessa nova visão de expectativa de performance evolucionária.

A nova teoria da corporação virtual, na qual empresas são verdadeiros organismos vivos que crescem ou diminuem quase instantaneamente por meio de alianças estratégicas específicas, parece ser a receita ideal para esse novo perfil de comando das organizações. Experiência e ousadia passam a ser características cada vez mais valorizadas, alterando até a renitente aversão das empresas por profissionais de faixa etária mais elevada.

Com executivos de carreira no comando das organizações acabamos de entrar em um período de profunda crise e indefinição. Sobreviver ou sair dela exige mais do que simplesmente resolver problemas e postergar decisões. Não devemos temer mudanças, e sim mudar os que temem. A saída é ousar e gerar desafios. Criar problemas é a única solução.

SE ESPIRRAR, SAÚDE!

Conta-se que um publicitário, durante uma sessão para apresentação de uma campanha, ao se ausentar da sala de reunião para ir até o toalete, dirigiu-se ao cliente e disse o seguinte: "Doutor, eu vou dar uma saidinha por alguns minutos e, se nesse espaço de tempo por acaso o senhor espirrar, saúde!"

Já Peter Mayle, o famoso redator inglês, hoje confortavelmente instalado na Provença e reconhecido como escritor de sucesso, inicia seu antigo best-seller, *Up the Agency*, narrando um outro diálogo no qual o cliente pergunta ao representante da agência que horas são e ele responde de maneira incontinente: "Que horas o senhor quer que seja?"

Lambe-botas, subserviente, desprovido de espinha dorsal, puxa-saco, yes-man — a lista de adjetivos com os quais o publicitário foi descrito ao longo dos tempos é não apenas preocupante, mas um indicativo sério de um arquétipo mitológico que acabou se cristalizando.

Quem não se lembra do ator Dick York no papel de marido da Samantha, em *A Feiticeira*, e funcionário graduado da agência de Larry, o sacana. Todo episódio dessa famosa série reforçava sua angústia perante a súbita perda de uma grande conta, o que lhe obrigava a agir de maneira vil e, contrariando seus princípios, pedir ajuda aos dotes mágicos de sua esposa para salvar seu emprego — e seu pescoço.

Hollywood também nos brindou durante décadas com inúmeros personagens cuja figura do *advertising man* era sempre envolta em uma vergonhosa e inaceitável volúpia de agradar. Mas se não quisermos ir tão longe, basta recordar as diversas novelas da Globo nas quais o publicitário era um dos personagens principais na trama folhetinesca. Tratava-se, obrigatoriamente, de um sujeito mulherengo, irresponsável, amoral, inconsequente, cheio de grandes sacadas e desprovido de qualquer escrúpulo, ganhando a vida no mole e sempre atrás de dinheiro e mulheres, ambos fáceis.

Mais grave, porém, foi perceber quando essa imagem grotesca e caricata do publicitário invadiu a produção cinematográfica dirigida ao mercado infantil. Com isso, passou-se a influenciar também a percepção das futuras gerações. Estou me referindo, por exemplo, ao megassucesso de bilheteria, *Space Jam: O Jogo do Século*, no qual Pernalonga contracenava com Michael Jordan na luta pela supremacia dos terráqueos em frente aos alienígenas vindos do espaço.

Nessa película cheia de heróis e feitos memoráveis, despontava a figura de um publicitário capacho, gordo e medíocre, magistralmente interpretado por Wayne Knight, o velho e bom Newman da série *Seinfeld*. Amouco, servil e bajulador, ele era capaz de qualquer coisa para agradar o cliente, fosse ele um homem ou, simplesmente, um coelho.

O que mais nos assusta e surpreende nesse fato é que o diretor da película em questão era o *darling* do mundo da propaganda na época, Joe Pytka, incensado por hordas de criativos que se acotovelavam em Cannes para badalar quem, no fundo, parecia ter por eles um imenso desprezo.

A verdade é que a criação de estereótipos foi sempre uma arma poderosa dos publicitários no seu processo criativo. E parece que, aos poucos, o feitiço foi se virando contra o feiticeiro.

Uns dirão que não reagimos porque estávamos vestindo a carapuça, e ela servia como uma luva. Outros acreditavam que nossa falta de ação era o resultado da falta de percepção coletiva desse fenômeno. Ou talvez a imensa maioria achasse que isso não tinha nenhuma importância. Mas, na opinião de gente séria e profissional, das duas, uma: ou o publicitário sempre foi isso mesmo, ou deveríamos ter feito algo rápido para mudar essa imagem. Talvez agora seja tarde demais.

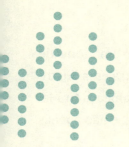

O CLONE É A ALMA DO NEGÓCIO

O assunto já está batido, suficientemente abordado, exaustivamente analisado e fora de moda — por isso, ele ficou interessante e merece ser revisitado. Confesso que tenho uma certa atração mórbida por assuntos mortos. Essa necrofilia temática me permite analisar o defunto sob outra ótica, revisando tudo que já foi tratado e buscando, de certa maneira, o ineditismo que se esconde por trás do déjà-vu.

Refiro-me aqui ao tema da clonagem e do potencial risco de produção humana em série. Adoro imaginar o que muitos entendem como pesadelo e confesso que, quanto mais penso no assunto, mais gosto da ideia. Claro que tem o lado moral, o aspecto ético, a questão religiosa, mas, se deixarmos isso tudo de lado por um instante, podemos imaginar um mundo diferente, mais relaxado e divertido.

A publicidade, por exemplo, sempre esteve à frente, procurando inovar e antecipar-se às tendências, muitas vezes chegando a questionar o padrão moral vigente e até a desafiar a ética e os costumes estabelecidos. Talvez por essa razão a propaganda devesse retomar sua atitude pioneira e iniciar o processo de desenvolver clones para o mundo da publicidade.

Segundo os anunciantes, imagine como seria bom ter um clone de presidente de agência. Afinal, dizem que o cliente só encontra essa ilustre figura em duas ocasiões: quando entrega a conta e quando ameaça tirá-la. Com um clone, seria possível vê-lo de maneira mais cotidiana, e não apenas nos momentos felizes ou trágicos.

Para o diretor de criação, os clones seriam uma bênção dos céus. Reunião de briefing: manda o clone, eles já têm a campanha na cabeça mesmo. Visitas à fábrica: lá vai o clone de novo. E quando chega junho o diretor de criação pode esticar a viagem a Cannes, que o clone garante a entrega das campanhas no prazo. Aliás, o que não falta no mercado são clones de campanhas feitas lá fora. Mas o principal benefício nessa área seria mesmo para o diretor de criação. Com tanto ego não cabendo em um só corpo, os clones serviriam como uma espécie de importante espaço adicional para acomodar esse gigantesco ser que vive dentro de cada um de nós, principalmente dos criativos.

Para o atendimento, o clone também seria uma mão na roda. Eles são ideais para apresentações de Nielsen, adequados para discutir prazos com o tráfego da agência e ainda melhores para contar para a criação que a campanha foi recusada. Na verdade, os clones no atendimento possibilitam a qualidade da ubiquidade que é tão desejada pelos anunciantes. Frases do tipo "Você não acha que ele deveria estar aqui acompanhando isso?" não seriam mais ouvidas com insistência pelos corredores da agência e do cliente, ao mesmo tempo e sobre a mesma pessoa.

Quanto à mídia, bom, muita gente acredita que essa área se antecipou à nova tendência e já possui clones há muito tempo. Talvez por isso os planos de mídia de muitas agências, independentemente do tipo de cliente, se assemelhem tanto, em uma espécie de insidioso "façam tudo que seu mestre mandar".

Se não fosse esse o caso, também aí os clones teriam sua serventia. Eles caem como uma luva para coquetéis de lançamento de veículos, workshops de integração e apresentações de novas técnicas de pesquisa de mídia, que no fundo só têm servido para comprovar que é melhor deixar como está para ver como é que fica. Mas, apesar desse aparente mundo maravilhoso, haveria sempre o risco de o feitiço virar-se contra o feiticeiro.

E nós passaríamos a encontrar clones também do outro lado do balcão. Gerentes de produtos em duplicata, duplicando sua insegurança e consequentes refações de planos e peças. Os clones de contatos de veículos em fila tentando reforçar duplamente as vantagens de sua mídia em relação à concorrência, sem qualquer número ou dado que justifique essa assertiva.

Ou, pior que tudo, hordas de estrangeiros clonados produzidos em série e a serviço da matriz do cliente, vindos de algum ponto do exterior para se reunir com a área de procurement, desembarcando aqui para revisões de orçamento e análise estratégica.

Pensando bem, é possível que a ideia dos clones não mereça vingar. Talvez por isso as entidades do setor acabem concentrando sua atenção apenas em lançar novos prêmios e defender antigos métodos de remuneração. Afinal de contas, sob a ótica do publicitário, *what is life about?*

O FUTURO DO VAREJO E O VAREJO DO FUTURO

De que o varejo físico passa por uma revisão completa, ninguém tem dúvida. E muitos chamam essa fase de *retail apocalypse*, prevendo dias sombrios e uma crise crescente.

Para reforçar a tese, citam que mais de 12 mil lojas físicas foram fechadas nos EUA só em 2018. Outro argumento é que o volume de metros quadrados de shopping centers que encerraram suas atividades nos últimos anos é superior às dimensões do território da cidade de Boston.

Quanto às causas que estão gerando essa teórica crise, citam-se entre as principais:

1. **Crescimento do e-commerce**, que apresenta evolução constante e exponencial.
2. **Redução drástica das margens** de rentabilidade em função do acirramento da concorrência.
3. **Alta taxa de endividamento** de várias redes de varejo global.
4. **Novas atitudes de consumo** dos **millennials** e seu interesse em um **estilo de vida frugal**.
5. **Excesso de novos pontos de venda** que apresentaram crescimento de oferta acima da evolução de demanda.

Todas essas razões, porém, precisam ser avaliadas com cuidado. **São razões essenciais, mas não suficientes** para um diagnóstico tão pessimista.

Estou certo de que **o varejo físico continua e continuará se expandindo e evoluindo**, apesar das nuvens no horizonte. A metamorfose e a busca de novos paradigmas, porém, são necessárias pois, nos tempos atuais, **empresas não morrem mais por fazerem coisas erradas, e sim por fazerem as coisas certas por um tempo longo demais.**

Quem caminha por um shopping como o Westfield Century City, em Beverly Hills, por exemplo, já percebe mudanças gritantes no cenário competitivo. A primeira delas é **o fim da disputa *On* ou *Off*.** Agora é *OnOff*, tudo junto e misturado. E a livraria da Amazon é o maior exemplo disso.

Outra coisa que se percebe é que o tema *healthcare* se incorporou totalmente aos shoppings, não apenas como venda de produtos, mas também de serviços. Em uma mesma alameda, uma loja ao lado da outra, percebemos a presença crescente de estabelecimentos dedicados à saúde e ao bem-estar físico e mental. E muitas dessas lojas oferecem tratamentos que mesclam medicina e tecnologia, ciência e espiritualidade, tudo transformado em experiências impactantes para os consumidores.

E isso tudo sem falar na invasão de produtos naturais, glúten free, orgânicos etc. Uma verdadeira ode ao "gastronomicamente correto", na qual a saudabilidade vem antes do preço, do sabor e até da lógica de consumo.

A terceira característica perceptível é a revolução estética pela qual passam as áreas de comércio, em uma tendência minimalista e surpreendente para nossas crenças varejistas atuais. Um bom exemplo disso é a Aesop, que oferece uma linha completa de *skincare* em um ambiente muito mais parecido com um banheiro que com uma loja.

Mesmo o showroom dos automóveis Tesla apresenta essa mesma tendência *clean* e asséptica. Mais uma evidência de que a simplicidade é o limite máximo da sofisticação.

Em resumo, enquanto muitas lojas tradicionais enfrentam tempos difíceis, outras surgem com grande vigor. E é na busca do exótico, natural, simbólico e experiencial que parecem estar algumas das grandes tendências do varejo no futuro. O que parece ser uma janela de oportunidade para marcas de varejo brasileiras finalmente terem sua grande chance fora do país. E a Rosa Chá, nesse mesmo shopping, pode ser um bom exemplo disso.

Diferenciação de marca, causa relevante, experiência marcante, e por aí a coisa vai... E precisamos ficar de olho nos eventos e acontecimentos da área para prever e antecipar o que podemos esperar desse futuro.

TENDÊNCIAS DO VAREJO FÍSICO E DIGITAL

Cerca de 2 mil executivos e empresários brasileiros se reuniram no início deste ano em Nova York, onde participaram de um dos maiores encontros de varejo do mundo. Esse evento existe há 108 anos e hoje reúne 37 mil pessoas de 99 países. Trata-se do NRF Retail's Show, que ocorreu entre 9 e 18 de janeiro de 2019, com dimensões pantagruélicas tanto de conteúdo quanto de tecnologia exibida.

Neste ano, alguns insights importantes foram revelados a todos os presentes no Javits Center, em centenas de palestras, milhares de exibidores, sessões de podcasting, workshops e múltiplas outras formas de transmissão de informação. E disso tudo, ao retornar, pudemos tirar algumas lições importantes para continuarmos desenvolvendo uma operação bem-sucedida no varejo em um mercado cada vez mais desafiador e competitivo.

São recomendações e insights relevantes, alguns óbvios, mas fundamentais de serem relembrados, feitos por quem venceu algumas batalhas e perdeu outras, por quem inovou ou resistiu à inovação e por quem revisou paradigmas e repensou seu negócio e o propósito de sua atividade.

A primeira recomendação é entender a diferença profunda entre preço e percepção de valor e ser capaz de agregar valor para ampliação de markup em um setor espremido e com margens cada vez mais decrescentes. Promoções, eventos, exibições, experiências, marcas próprias e várias outras alternativas são importantes nessa luta de ampliação perceptual. As pessoas não compram pelo preço, mas pela relação custo-benefício percebida. E o varejo físico deve entrar no mundo experiencial para fazer frente ao avanço do digital.

A segunda recomendação importante é compreender que ninguém muda ou altera a direção daquilo que desconhece. E, nesse ponto, dados coletados e interpretados são fundamentais. É necessário construir uma base de big data poderosa e útil que permita identificar com profundidade todas as mudanças do seu negócio e do comportamento de consumo.

Quando você percebe uma redução de fluxo em seu estabelecimento pelo volume de tickets que foram emitidos, isso é apenas meia informação. É necessário saber se isso é resultado da diminuição de novos clientes, da redução do número de visitas dos clientes atuais, da consolidação do volume de compras em menos retornos, ou várias outras razões mais granulares do fenômeno. É com uma análise mais profunda das causas ou consequências desse desafio que se poderá determinar as ações recomendadas. E isso só será possível se iniciarmos uma relação individualizada com todos os nossos clientes a custos permissivos por meio de big data.

A terceira recomendação é priorizar, ter foco no "essencial diferenciador". Não tente ser bom em tudo. Você não conseguirá ser melhor que um determinado concorrente em logística, nem que outro em percepção de marca, por exemplo. Mas pode encontrar alguns diferenciais significativos que gerem *uniqueness* e percepção de valor. E lembre-se de que:

> Tão importante quanto a To Do List é a Not To Do List!

Assim como o mantra do varejo físico era a localização, o do digital é a usabilidade. O diferencial pode ser buscado em qualquer ponto da jornada do consumidor, mas foco obsessivo nesse quesito é fator crítico para que ele se transforme em seu agente diferenciador de fato.

A quarta recomendação é, sempre que possível, desenvolver marcas próprias. Esse parece ser um driver de diferenciação fundamental e há estatísticas recentes comprovando a correlação biunívoca entre crescimento constante e uma linha consistente de Private Label que gere margens melhores e ampliação perceptual da marca. E números comprovam que, quanto maior é a recessão ou os desafios da economia, mais verdadeira é essa premissa.

Se antes, com quantidades de venda reduzidas daqueles itens, não era possível pensarmos em marcas próprias, na era da mass customization é surpreendente como essa barreira foi quebrada. E a indústria está equipada, preparada e disposta a ajudar os varejistas nesse esforço.

A quinta recomendação é foco obsessivo na logística. Quanto mais se processa a integração entre o *On* e o *Off*, mais a eficiência logística é fundamental. O acirramento da concorrência de um lado, aliado a uma sociedade cada vez mais mimada, gerou obrigações e aperfeiçoamentos cada vez maiores na operação.

Para a experiência do consumidor, muito pior que não encontrar em uma loja a cor ou o tamanho desejado é receber por e-commerce o pedido com a cor ou o tamanho errado. Ou chegar na fatura de seu cartão um valor diferente do que foi apresentado no site, ou ainda atrasar a entrega em relação ao tempo prometido. Esse chamado "erro fatal", antes preferencialmente evitável, é agora considerado inaceitável em um mundo de redes sociais, viralização e empoderamento do consumidor. O grande desafio atual é como resolver a equação do *last mile*, e a logística assume posição crítica nesse processo.

Essa lista de recomendações poderia ser muito mais extensa ou completa, mais profunda ou estratégica, mas esses cinco itens parecem ter sido o foco principal de preocupação e atenção da maioria dos participantes do NRF19. A tecnologia continua evoluindo, os algoritmos assumem posição de destaque, as impressoras 3D estão reduzindo seu custo e surpreendendo, os equipamentos de realidade virtual ampliam sua atuação, mas é na gestão diária, cotidiana, atenta às mudanças e obsessiva nos detalhes que se fará a grande diferença em nossos estabelecimentos de varejo.

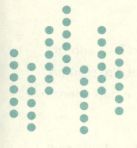

UMA REVOLUÇÃO A CAMINHO

Interatividade é um assunto ainda novo, quase inédito, mas que já entrou na pauta do dia de todas as empresas, pelo menos das mais modernas. É importante ressaltar também que o interesse por esse assunto não é um privilégio nosso apenas. Neste mesmo instante, empresas do mundo inteiro estão exaustivamente discutindo quais são as melhores alternativas para seu mercado, e quais alterações estruturais serão necessárias para prover sua organização de uma capacidade interativa que ainda hoje quase ninguém possui.

Técnicos das mais diversas especialidades são chamados para opinar sobre quais ferramentas de mídia, promoção e distribuição devem ser priorizadas nesse novo mundo da era interativa (ou por diálogo). Segundo a pesquisa anual realizada pela Donneley Marketing, 66% das empresas industriais e comerciais norte-americanas já estão construindo estruturas e desenvolvendo ferramentas de marketing interativo em suas organizações. E 85% delas acreditam que isso será fundamental para sua sobrevivência após o ano 2020.

Evidentemente que toda essa discussão técnica, operacional e mercadológica da interatividade é fundamental, mas há algo que deveria anteceder tudo isso, que precisa ser avaliado antes de se optar por esta ou aquela ferramenta, este ou aquele processo, esta ou aquela mídia. Quero propor aqui que busquemos olhar para tudo isso sob um ângulo diferente, mais interior, mais pessoal, mais individual. Em resumo, quero abordar as mudanças que deverão ocorrer em nós, e não apenas no mercado.

De nada adianta entender a técnica e os processos interativos sem uma análise acurada das pessoas que deles participam. Não podemos esquecer também que, até pouco tempo atrás, independente de todo o desenvolvimento tecnológico, a maioria das pessoas, quando chegava em casa e se sentava em frente à televisão, ainda estava preocupada apenas em interagir com a geladeira!

Nascidos e criados em uma sociedade de consumo de massa, fruto de uma revolução industrial que nos transformou em consumidores passivos, em estatística morna e impessoal, passamos toda a nossa vida totemizando o coletivo e desprezando o individual.

Grandes veículos de massa, por meio de um monólogo generalista, discursivo e autoritário, vêm informar a todos, de uma só vez e por meio de uma única ótica (nem sempre verdadeira), o que devemos entender dos acontecimentos políticos e econômicos, como nos vestir, onde andar e o que comer. Enfim, uma só mensagem em uma só direção para influenciar uma massa disforme e indefinida de consumidores.

E que bons tempos foram esses para a publicidade! Bastava criar um comercial, colocar no Jornal Nacional e novela das oito, e pronto. A mensagem estava dada, os 20% de comissão, garantidos, e agora era só esperar um leão em Cannes, assegurar a consagração e partir para o abraço. Sinto informar aos meus colegas publicitários, mas o sonho acabou. Ou começa a acabar.

O que precisamos entender é que, em matéria de mídia, o que hoje ainda é necessário não é mais suficiente. Mídia de massa não é mais a única solução. O monólogo está se transformando em diálogo, e o receptor da mensagem em mídia. Isso mesmo. A grande mudança que está ocorrendo hoje é que cada consumidor, telespectador, leitor ou ouvinte quer e vai enviar sua mensagem também. (E caso você não preste atenção nela, caso não esteja preparado para recebê-la, ele vai procurar outra empresa que o faça.)

Toda a evolução atual da era da informação e a brutal redução de custos ocorrida no setor possibilitam retomarmos um processo de diálogo direto com nossos clientes. Todos sabem que a comunicação interativa, ou por diálogo, é tão antiga quanto o próprio homem. Antes da era da produção em massa, na pré-Revolução Industrial, todo processo de comunicação era por meio do diálogo pessoal e direto.

Nos últimos 100 anos, pelo menos, assistimos ao surgimento e ao crescimento da comunicação de massa ou por monólogo. Afinal, não havia outro jeito de se comunicar com o grande mercado consumidor que se desenvolvera. Hoje, ainda no início do século XXI, graças à evolução da tecnologia de comunicação, começa a ser possível novamente um contato direto, individualizado e interativo com cada um de nossos clientes, independente de seu volume.

Essa possibilidade traz para todos nós a chance de reiniciarmos com nossos clientes um diálogo que havíamos interrompido um século atrás. Até recentemente circunscrita apenas ao marketing direto e a algumas experiências isoladas de mídia eletrônica, assistimos agora a uma verdadeira avalanche de novas ferramentas de comunicação interativa que tornam mais fácil e prática a vida do consumidor, e muito mais complicada a tarefa dos profissionais de marketing.

Redes sociais, CRM e big data, totens interativos, *advertising on demand*, é infinito o número de opções que estão surgindo com o objetivo básico de individualizar as mensagens e estabelecer um diálogo direto e pessoal com os consumidores.

Por isso, podemos afirmar que estamos entrando em uma era que chamamos de Idade Mídia e deixando para trás a Idade Média da Comunicação. Idade Média, porque infelizmente quase tudo que ainda é feito hoje é para atingir a média da população.

Porque as audiências se baseiam na média, as pesquisas, na média ponderada, e porque grande parte dos veículos de comunicação só sobrevive fazendo média com as autoridades. E como consequência de todas essas médias, a qualidade editorial e dos programas pode ser comparada ao sabor de uma média com pão e manteiga.

Idade Média significa aqui mediano, medíocre, para atender apenas à necessidade da média da população. Foi nesse período que surgiu e cresceu toda uma geração de publicitários e anunciantes com medo de ousar, de ir além, trabalhando com o conceito de audiência e custo por mil e se utilizando apenas de veículos tradicionais. Veículos esses que cresceram buscando agradar a maioria, e não necessariamente você.

Pois bem, estamos saindo da Idade Média e entrando na Idade Mídia. Uma era na qual haverá uma mídia específica para cada mensagem, uma forma individual, seletiva e interativa de se comunicar; quase que uma mídia individual para cada pessoa.

A verdade é que pessoas são diferentes, reagem diferentemente a estímulos, têm hábitos, atitudes e horários diferentes. E essas diferenças tendem a se acentuar cada vez mais. Como é possível, então, imaginarmos que podemos ter um só canal de comunicação enviando uma mesma mensagem a todos, de uma mesma maneira e a um só tempo? Por isso a eficiência dos veículos e dos processos de comunicação atuais estarem sendo tão questionadas.

Na Idade Mídia em que agora estamos entrando, a segmentação será levada ao extremo. Pessoas serão tratadas como indivíduos e responderão a estímulos individuais. Vão exigir respeito às suas opiniões, valores e necessidades — e horários. Afinal, nobre deve ser a vida das pessoas, e não o horário da TV.

Na Idade Mídia, você escolhe quando e como usar o veículo; ele tem que estar disponível. O conceito de *just'n case media* é o que deverá prevalecer.

Na Idade Mídia, o conceito de online passa a comandar as ações. E põe você no assento de motorista, e não mais de passageiro. Você escolhe o que quer ler e assistir a hora que lhe for mais conveniente para você, e não para o veículo. A Idade Mídia se baseia no conceito de que o maior espetáculo da vida é a sua própria vida.

Internet, TV por assinatura, telefonia celular — tudo isso que surgiu tão inesperadamente nos últimos anos mudou não somente a história da comunicação, mas também a trajetória do próprio homem. Se as obras *Admirável Mundo Novo* e *1984*, respectivamente de Aldous Huxley e George Orwell, estivessem sendo escritas hoje, já estariam falando do passado, e não do futuro. Passamos a ser parte da mídia, em que o meio é a mensagem, o que foi preconizado por um Marshall McLuhan visto como profeta do apocalipse até pouco tempo atrás.

Por isso tudo, bem-vindos à Idade Mídia. Na Idade Mídia, de todas as novas formas de lazer e informação que estão surgindo, a internet é sem dúvida a que está trazendo maior impacto ao cotidiano das pessoas. Encarada hoje como importante e promissora mídia, ela é na verdade a porta principal que se abre para um inimaginável mundo de serviços e comodidades à disposição dos consumidores do futuro.

Ou seja, a internet que todos conhecemos hoje é apenas o início, o começo, o princípio dessa revolução. O big data e a mídia individualizada já estão virando a esquina de nossa rua e muito breve estarão batendo à nossa porta.

Mas, como eu disse no princípio, tão ou mais importante que discutir as mudanças no mercado que a Idade Mídia trará, é fundamental analisar como nós seremos afetados e como precisamos alterar nossa postura em frente a tudo que vem por aí. Por isso, eu gostaria de elencar cinco importantes e necessárias recomendações a todos nós profissionais de comunicação que desempenharemos funções na era da Idade Mídia na qual estamos entrando agora.

#1 Recomendação nº 1: Reavalie seus conceitos.

Isso não significa esquecer tudo que você aprendeu. Apenas passar a observar os acontecimentos sob uma nova ótica, estar aberto para o novo, enterrar os preconceitos, revisitar postulados, questionar o preestabelecido. Não significa também analisar o mundo à sua volta sob uma rígida perspectiva; Mark Twain, por exemplo, analisava seu pai: "Quando eu tinha 14 anos achava meu pai um imbecil. Hoje eu tenho 21 e fico impressionado com o quanto ele aprendeu nesses 7 anos!"

Temos também a tendência de achar que a causa de determinado fator vem de fora e nunca é culpa nossa, como o comentário feito ao amigo: "Minha sogra acabou com meu casamento. Um dia minha mulher chegou mais cedo em casa e me encontrou na cama com ela." Ou ainda a tendência a se supervalorizar, como Henry Kissinger, que finalizava suas conferências de imprensa na Casa Branca com uma famosa frase: "Alguém tem alguma pergunta para minhas respostas?" Além de todo egocentrismo, achando que tudo gira à nossa volta, como na famosa definição do egoísta: "Uma pessoa mais interessada em si mesmo do que em mim."

Pode parecer engraçado, mas nós somos exatamente assim em nosso cotidiano profissional. Cheios de certezas e premissas como aquelas do passado recente: "Campanha a gente lança no Fantástico", ou então "Imóvel se anuncia no jornal de domingo".

Mas um outro conceito estabelecido e que precisa ser revisto imediatamente é que agências se remuneram por meio da comissão de mídia. Em uma era multimídia e interativa, na qual centenas de novas formas de comunicação estão surgindo, agências têm de oferecer mais serviços, e clientes têm de pagar por isso. A remuneração das agências e a tabela dos veículos sofrerão uma enorme alteração conceitual, em que o resultado mensurável será o fator determinante.

Se antes o departamento de criação era responsável por desenvolver ideias circunscritas aos 30 segundos ou ao 21 X 28 impresso, hoje esses limites deixam de existir, e cabe ao profissional de criação desenvolver não somente a mensagem, mas também o próprio meio. Assim como cabe à mídia buscar constantemente inovações e formas criativas de veiculação. Por isso, podemos antecipar que na Idade Mídia o departamento de criação vai se transformar em um departamento de mídia e vice-versa.

Participo frequentemente de seminários e congressos de publicidade no Brasil e no exterior. E é com enorme espanto, quase tristeza, que assisto a grandes diretores de criação, de importantes agências locais e multinacionais, falarem durante uma hora sobre criação publicitária no terceiro milênio exibindo apenas comerciais de 30 segundos, descrevendo com detalhes os prêmios que ganhou e sem utilizar uma só vez as palavras resultado, eficiência, vendas ou produtividade.

Na visão deles, todo cliente é um mecenas e cada produto, uma oportunidade para um curta-metragem de 30 segundos que os valorize como artista, mais do que como profissional de comunicação. Essa mentalidade jurássica tem seus dias contados, e o tempo se encarregará de mudar essa postura.

#2 Recomendação nº 2: Busque uma razão por trás de tudo.

Dizem que hoje em dia, "quando um homem, em uma atitude de elegância, abre a porta do carro para uma mulher, um dos dois é novo: a mulher ou o carro". Ou seja, em uma era com tanta novidade e ineditismo, é fundamental um espírito científico e investigativo buscando não somente analisar as razões do sucesso ou fracasso de novas mídias, mas até buscando se antecipar a essas descobertas e se posicionando na liderança, na vanguarda de sua utilização.

Avalie sempre o conceito de utilidade real da nova mídia. O que ela traz de efetivamente novo para a vida das pessoas e como altera positivamente o cotidiano do consumidor. Na Idade Mídia, as premissas existem para ser questionadas. Como a Lei do Pôr do Sol do Congresso Norte-americano. É uma lei muito interessante implementada há alguns anos e tem como objetivo obrigar entidades, autarquias, fundações, organismos estatais e paraestatais a periodicamente comprovar a necessidade da continuidade da sua existência. Aplique a mesma teoria da Lei do Pôr do Sol nos seus investimentos de mídia e comunicação.

Alguém já disse que metade de tudo que se investe em comunicação é dinheiro jogado fora. A questão é saber qual é essa metade. Na Idade Mídia e na era da segmentação na qual estamos entrando, será possível saber. E daqui para a frente qualquer desperdício será culpa somente nossa.

#3 Recomendação nº 3: Não tenha medo do novo, mas se prepare para ele.

Muita gente está tomando a atitude correta de se prevenir contra o inesperado, mas da forma errada. Isso me faz lembrar daquele sujeito que, ao chegar em casa, encontrou a esposa fazendo amor no sofá da sala com seu melhor amigo e decidiu tomar uma posição radical para resolver o problema: vendeu o sofá. A atitude correta de não ter medo do novo e se preparar para ele é estudar sempre e muito. E ter certeza de que não é suficiente.

O maior problema que enfrentaremos na Idade Mídia é a escassez de *management*, e não de recursos materiais ou financeiros. E o nosso maior desafio não será gerir com competência esses recursos, e sim entender a função, a razão e o objetivo de cada um deles.

O conceito de divisão entre mídia tradicional e digital está perdendo o sentido. A convergência dos meios de comunicação e as utilidades adicionais que estão sendo incorporadas às tecnologias atualmente disponíveis vão nos levar a uma situação na qual muito em breve, "quando a televisão tocar, você talvez não possa atender por estar muito ocupado assistindo ao telefone".

Aliás, por falar em telefone, pode-se dizer que uma pessoa está envelhecendo quando o telefone toca sábado à noite em casa e ela reza que não seja para ela. De certa maneira, não ter medo do novo e se preparar para ele tem muito a ver com essa postura.

Por isso, concordo com um dos gurus dos tempos modernos, Peter Drucker, quando ele diz que "podemos ter duas certezas sobre o futuro: será diferente do que existe hoje e nada parecido com o que imaginamos dele".

#4 Recomendação nº 4: Olhe o lado positivo de toda essa mudança.

A escritora Agatha Christie sempre foi uma otimista bem-humorada, apesar de suas obras sempre cercadas de mistério e neblina. Por isso ela afirmava: "O melhor marido do mundo é o arqueólogo. Quanto mais velha a esposa fica, mais ele se interessa por ela."

Muitos anunciantes se sentem hoje dentro de um círculo, investindo cada vez mais dinheiro em mais mídias para alcançar consumidores com cada vez menos eficiência. Eles se sentem frustrados pela perda de relevância da mídia de massa e o não resultado consequente da mídia online.

A concentração de renda forçará a mídia no Brasil a acelerar sua migração rumo à segmentação. Afinal, se em nosso país 15% da população consome 65% dos produtos anunciados, por que se comunicar apenas via mídia de massa?

Por tudo isso podemos concluir que a concentração de força política da mídia será muito reduzida (o que é bom para muitos e ruim para alguns), e os conceitos de índices de audiência serão revistos (o que é salutar para o mercado, mas complicado para quem trabalha nele).

Como agências e anunciantes vão conseguir passar suas mensagens de maneira eficiente e com custos suportáveis em um mundo cada vez mais individualizado é uma incógnita que tira o sono de todos aqueles que se dedicam às projeções do futuro da mídia. Uma coisa é certa, como afirmou o vice-chairman do Cabletelevision Advertising Bureau dos Estados Unidos: "Esqueçam tudo o que existe. Televisão e mídia publicitária terão de ser reinventadas." E a interatividade parece ser a resposta mais provável.

#5 Recomendação nº 5: Priorize o cliente, mas saiba que ele não tem sempre razão.

Tenho um amigo que diz que seu maior sonho era ser policial, porque queria trabalhar em um negócio no qual o cliente nunca tivesse razão. Passamos toda nossa vida profissional sendo catequizados de que o cliente tem sempre razão, que as empresas devem ser orientadas a ele, que tudo deve ser pesquisado e avaliado junto ao consumidor antecipadamente. Que não se deve lançar nenhum produto ou serviço sem antes analisar o interesse do mercado.

Apesar de continuar concordando em princípio com essa posição podemos afirmar, por outro lado, que a gigantesca e acelerada introdução de novos produtos e conceitos, fruto da revolução tecnológica pela qual estamos passando, trará seguramente uma revisão dessas premissas.

Em um período de tantas mudanças, o consumidor não sabe o que quer, porque não sabe o que pode querer. Na Idade Mídia, o impossível se tornou possível e a imaginação é o último limite a ser vencido.

A pesquisa, em geral, parte da noção da realidade atual, e não da futura. Ela trabalha com o "é", e não com o "pode ser". E isso limita muito o potencial do que podemos e devemos fazer.

Está em nossas mãos dar um salto quântico em direção ao infinito de possibilidades que essa nova era está nos proporcionando. Quem se habilita?

PARTE 3

INSIGHTS
UNIVERSO
DIGITAL

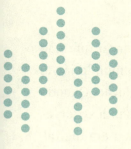

O MELHOR ESTÁ POR VIR

Com a explosão da tecnologia já afetando rotineiramente nosso modo de viver e trabalhar, temos muito que celebrar em relação ao futuro. Em breve, robôs estarão realizando tarefas que antes eram responsabilidades de humanos com custo mais baixo, sem encargos sociais, sindicatos ou problemas trabalhistas.

Os automóveis, em pouco tempo, serão *self-driving* e elétricos, poluindo menos e reduzindo drasticamente os acidentes. Empresas científicas estão desenvolvendo ferramentas e produtos que nos tornarão mais saudáveis e longevos. A energia será ilimitada, cada vez mais eficiente e limpa. Impressoras 3D vão suprir muitas das nossas necessidades de produtos cotidianos. E o custo de tudo isso cairá de maneira exponencial, permitindo que cada vez mais pessoas usufruam do progresso.

A principal consequência dessa evolução é que, se formos capazes de desenvolver mecanismos de distribuição da prosperidade que estamos gerando, a maioria das pessoas não vai mais precisar trabalhar no volume e na intensidade atuais para se sustentar. Para que isso aconteça sem traumas, vamos ter de alterar os conceitos de que só o trabalho dignifica o homem e de que só a labuta diária traz envolvimento social e senso de pertencer à comunidade. Levamos dentro de cada um de nós essa culpa intrínseca de que sem produção não há perdão. E isso precisa mudar. Trabalhar vai continuar sendo bom — só que menos.

Os líderes da revolução tecnológica continuam afirmando que não devemos nos preocupar com o desemprego futuro, pois o mundo já viu várias vezes essa migração revolucionária dos meios de produção. Quando a base da economia deixou de ser agrícola para se tornar industrial, as preocupações eram as mesmas de hoje, na passagem para a era digital. Todos achavam que haveria desemprego em massa e graves problemas sociais. Na realidade, criamos novos empregos nunca antes imaginados, e isso nos leva a crer que o mesmo vai ocorrer de novo.

O único desafio é a velocidade da mudança. Na passagem da era agrícola para a industrial, foi quase um século de transição. Agora, é de apenas uma ou duas décadas. E, em uma mudança exponencial, precisamos atuar de maneira exponencial. Milhões de empregos desaparecerão. É, portanto, necessário pensar a sociedade em novos termos.

Os grandes comandantes do mundo corporativo já estão focados nesse tema. Em recente conferência na sessão plenária do Círculo de Montevidéu realizada na Universidade de Alicante, na Espanha, o empresário mexicano Carlos Slim sugeriu que se revisem as leis trabalhistas buscando uma redução de jornada para apenas três dias por semana. Em sua opinião, "a semana de três dias poderia criar mais trabalho e quem quisesse sempre poderia ter dois empregos".

A primeira onda de desemprego que surge no horizonte é no setor de transporte, com os carros e caminhões sem motorista. Haverá grandes benefícios na eliminação dos congestionamentos e acidentes, com sensível redução no consumo de energia, mas também vai tornar obsoletos milhões de taxistas, motoristas de transporte e encarregados de entrega.

As empresas industriais e de serviços também assistirão a uma nova leva de demissões em massa. Até agora, os robôs substituíram pessoas na ordenha de vacas, na montagem de carros e em combates militares. Porém não eram capazes de gerar conteúdo jornalístico, fazer previsões de performance da bolsa ou montar circuitos impressos. Agora são. O Yumi, da ABB, é o primeiro robô colaborativo dessa nova geração. E custa somente US$40 mil.

Com os avanços da inteligência artificial, qualquer trabalho que exigir análise de informação será melhor executado por computadores. Isso inclui profissionais da bolsa de valores, contadores e até profissionais de saúde. "O que hoje chamamos de auditoria será feito automaticamente por sistemas inteligentes analisando transações em tempo real", diz Rohit Talwar, CEO da Fast Future. E as máquinas vão precisar de pouquíssimas pessoas para ajudá-las na interação com outros humanos.

Um futuro com muito menos trabalho para nós trará, sem dúvida, vários desafios como sociedade. Mas será, também, uma oportunidade para uma nova fase da evolução humana. Afinal, por que continuar trabalhando de 50 a 60 horas por semana se podemos reduzir esse total para 25 ou 30 horas e aproveitar o tempo excedente em outras atividades?

Existe uma nova fronteira do conhecimento e das relações que está aberta para as nossas descobertas. Nunca tivemos tanto para fazer em nosso tempo disponível.

Claro que o problema social será importante, mas se o homem foi competente em desenvolver tecnologias que estão acabando com as doenças e a fome, prolongando o nosso tempo de vida de maneira exponencial e permitindo o acesso a todo o conhecimento do mundo de maneira livre e democrática, seria insano não acreditar que também seremos capazes de resolver os problemas sociais causados por toda essa revolução.

O FIM DA IDADE MÉDIA E O INÍCIO DA IDADE MÍDIA

Como a tecnologia e a inovação estimulam a meritocracia e a valorização do indivíduo nas empresas e na sociedade.

Muita gente acredita que a Idade Média terminou em 1453, com a invasão de Constantinopla. Outros acreditam que seu fim veio influenciado pela Peste Negra e um longo período de resfriamento da Europa que reduziu drasticamente a produção de alimentos e gerou revoltas populares contra os soberanos. E a própria Renascença é apontada, simultaneamente, como uma causa ou consequência do fim da Idade Média. Todos, no entanto, concordam que ela durou cerca de mil anos e acabou lá pelo século XV.

Na verdade, o fim da Idade Média está acontecendo somente agora, neste século e em nossa geração. E por que faço essa afirmação?

Até hoje, tudo era avaliado e orientado pela média da população. Em qualquer área do comportamento humano, nossas decisões eram definidas pelo resultado médio daquele fato na população, e não individualmente por cada um de nós. Éramos tratados como grupos ou massa, e nunca como indivíduos.

Na medicina, o que imperava eram os protocolos genéricos. Hoje, a medicina genômica já estabelece protocolos individuais de tratamento.

Na educação, fomos sempre divididos em classes por idade, independente de nossa maturidade ou conhecimento. O currículo era o mesmo não importando a dificuldade de uns e a facilidade de outros na absorção do conteúdo.

Hoje, uma grande revolução toma corpo permitindo o acesso à qualquer informação em diferentes níveis de profundidade. Agora, cada um de nós vai estudar o que tiver vontade, aprofundar-se no tema que desejar e ir tão fundo quanto quiser.

Na década passada, ao viajar de avião, nosso entretenimento de bordo era distribuído por várias telas de TV presas no teto, todas passando o mesmo filme escolhido pela empresa aérea. Alguns anos depois, a tecnologia avançou e cada assento tinha uma TV no encosto da frente e podíamos selecionar o melhor dentre uma lista do menu oferecido.

Hoje, o entretenimento a bordo é individual. O acesso à internet permite que cada um assista ao que quiser, na hora que der vontade.

Com o rádio, escutávamos as músicas que o DJ definia como as preferidas pela média dos ouvintes. Com o Spotify, criamos nossa própria seleção. Mas o mais importante: os algoritmos passam a trabalhar e nos sugerem mais opções que provavelmente apreciaríamos também. Isso significa não somente escutar o que quiser, mas receber sugestões e orientações individuais.

Antes, todos líamos as mesmas notícias de jornal, com o mesmo nível de profundidade. Quem decidia o índice de análise eram os editores e jornalistas. Hoje, podemos ler o que quisermos, na hora em que der vontade e na profundidade desejada. E, principalmente, de maneira individualizada.

Na moda, as últimas tendências levam também à valorização do indivíduo, ao contrário da ditadura da estética de tempos recentes. Hoje as pessoas buscam seu próprio estilo a partir de opções gerais e genéricas de tendências. Há uma verdadeira ode à liberdade individual.

A mobilidade e a expansão das opções de modais de transporte também estão contribuindo para o fim da idade média. Antes, havia apenas as opções ônibus, táxi ou transporte próprio. Hoje, temos a Uber, o *car sharing*, as bicicletas de aluguel, os monociclos e cada um opta por um ecossistema de transporte que melhor se adapte à sua vida.

Na propaganda e no marketing, éramos atingidos, de forma genérica, por mensagens baseadas em médias estatísticas. A mídia de massa se encarregou de nos transformar em grupos de consumo não levando em conta a sincronicidade com cada uma de nossas vidas. Graças ao crescente uso de IA e analytics, essa realidade também está mudando.

Junto às instituições financeiras, os juros estratosféricos que fazem os adimplentes pagarem pelos inadimplentes estão com os dias contados a partir de mecanismos como o cadastro positivo. E o mesmo acontecerá no universo dos seguros, no qual motoristas responsáveis ainda arcam com o mesmo prêmio de seguro que os irresponsáveis.

E, em breve, graças ao uso de inteligência artificial e algoritmos, não seremos mais todos passíveis de revista estressante em aeroportos e portos de chegada e saída.

Esse é o mundo que conhecemos e no qual vivemos até hoje: a Idade Média das relações comerciais, pessoais e sociais, na qual todos são avaliados pela média, pagam pela média e são tratados por essa mesma média.

Mas um novo mundo está surgindo com o fim da Idade Média. E isso é uma gigantesca mudança.

A meritocracia só pode existir em um ambiente de fim da Idade Média, em que cada um passa a ser incentivado a se desenvolver, se portar socialmente e se instruir adequadamente de acordo com seu esforço e vontade. Seremos donos do nosso destino, decisores de nosso futuro e responsáveis por nossas carreiras. Individualmente.

Basta avaliarmos o que está acontecendo neste momento nos universos da comunicação, da medicina, da educação e do controle social para entender as razões pelas quais estamos deixando a Idade Média e entrando definitivamente na Idade Mídia. Uma nova era em que cada um de nós é um universo à parte, respeitado em sua individualidade e com capacidade de influir na sociedade. Cada um de nós daqui para a frente será agente de mídia, formador de opinião e gerador de conhecimento cada vez mais compartilhado.

Bem-vindos à Idade Mídia. E adeus à Idade Média.

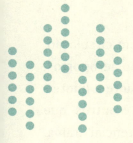

O LADO NEGRO DA FORÇA

Não é preciso muito esforço para elencar uma extensa lista de argumentos para convencer alguém sobre todas as vantagens e melhorias que o universo digital trouxe para a mobilidade nas grandes cidades. Tanto o Waze quanto a Uber, passando pela ubiquidade das bicicletas Yellow; são inúmeras e visíveis as melhorias no transporte urbano propiciado pelo arsenal digital disponibilizado. Isso tudo sem falar no gigantesco e crescente volume de e-commerce que facilita a vida das pessoas e evita deslocamentos, antes necessários.

Sendo assim, não se exige muita reflexão para avaliar as benesses que a tecnologia está nos trazendo ao disciplinar, espalhar ou reduzir os milhões de carros em circulação nas nossas cidades por meio de alternativas de modais, aplicativos ou facilidades logísticas cada vez mais presentes e disponíveis a todos.

Mas nem tudo são flores na urbe em que vivemos cotidianamente. Uma melhoria ou desenvolvimento tecnológico sempre acaba trazendo subjacente um desafio ou problema discreto ou invisível. E cabe a nós identificarmos esses problemas para que eles possam ser equacionados ou resolvidos.

Um deles é o inesperado volume adicional de carros em circulação, principalmente nos locais de maior afluxo de público, como aeroportos, estádios ou shopping centers, gerado pela presença circulante e ininterrupta de veículos da Uber, WillGo, Televo, EasyGo, Cabify e outros, que acabam transformando nossa vida viária e diária em um potencial drama.

Ao não estacionarem, ficando o dia todo atrás de passageiros e parando em qualquer via para atender às chamadas, às vezes em fila dupla ou tripla, acabam gerando um trânsito ainda pior do que seria normalmente sem a presença deles.

A redução dos espaços permitidos aos automóveis, após a criação de milhares de faixas exclusivas de ônibus, ciclovias e parklets por toda a cidade, acabou se transformando em um inferno que demoniza o transporte individual, acrescido agora de milhares de novos personagens incentivados pelos aplicativos de transporte, também individual. E essa é uma equação que precisa ser resolvida.

Outro fator negativo da influência da tecnologia no trânsito, em frente a outros tão positivos, é a distração exponencial gerada pelo celular junto aos milhares de motoristas das grandes cidades. Pode parecer desprezível na visão individual, mas é catastrófica quando transformada em fenômeno social com profunda repercussão na mobilidade urbana.

Cada motorista, seja de automóvel, ônibus ou perua escolar, automaticamente pega o celular em cada parada de sinal ou trânsito congestionado para ver se há alguma mensagem, notícia ou até para avaliar o próprio trânsito na região. Isso traz como consequência uma distração momentânea que desacelera a velocidade de retomada, gerando uma reação em cadeia multiplicada por milhões de veículos com alguns metros de atraso que acabam gerando quilômetros de congestionamento.

Assim como um carro encrencado no acostamento já desacelera o trânsito pela curiosidade dos que passam, o que dizer de uma dezena de metros de cada motorista que se distrai com o celular por apenas alguns segundos e que gera um efeito cascata de redução da velocidade da cidade toda?

Esses são apenas dois exemplos do lado negro da força. Uma demonstração sociológica de como transformações tecnológicas trazem efeitos colaterais inesperados, mas que precisam ser avaliados e resolvidos se quisermos continuar evoluindo como uma sociedade cada vez mais urbana e gregária.

BEM-VINDOS AO MUNDO PÓS-DIGITAL

Mas, afinal, que história é essa de pós-digital?

É a realidade em que vivemos hoje, na qual a presença da tecnologia digital é tão ampla e onipresente que, na maior parte do tempo, nem notamos que ela está lá. Só percebemos sua existência quando ela falta. E essa total ubiquidade da tecnologia digital provoca impactos em todos os aspectos da vida.

Cada vez que a humanidade dá um salto tecnológico, a primeira reação é de surpresa e medo. Mas, depois que a inovação é absorvida, as pessoas aprendem a otimizar suas possibilidades. E os pioneiros dessa adoção precoce prosperam. Na história, isso se repetiu várias vezes. Aconteceu com o fogo, com a agricultura, com o metal, com os instrumentos de navegação, com o vapor e com a eletricidade. Só que agora, o digital está em tudo e em todos. E, como diria o escritor Clay Shirky, a revolução não acontece quando a sociedade adota novas ferramentas, e sim quando adota novos comportamentos.

Sem que nós percebêssemos, nossa atitude perante o mundo que nos cerca mudou radicalmente. Falo com alguém do outro lado do planeta e mando um WhatsApp para o amigo que está sentado ao meu lado no sofá. Tudo o que era grátis está se tornando pago e o que era pago, tornando-se grátis. Na era digital, achavam que o futuro era baseado na convergência e na multimídia e agora, no pós-digital, está cada vez mais claro que o caminho é o da divergência e da unimídia. A regra de transmissão da informação mudou de unidirecional para multidirecional. A recepção não é mais passiva, é interativa, porque a mídia digital é mais que um novo canal de comunicação, é um novo ambiente de relação com os consumidores, e tem um componente de envolvimento e engajamento que faz toda a diferença.

Estamos em um mundo de relações fugazes. E, na era pós-digital, precisamos agir de maneira efêmera para continuar perenes. Tudo agora é mais veloz e mutante, refletindo a realidade social. O ciclo de formação e popularização dos fatos, das notícias e das tendências está cada vez mais curto. Pessoas trocam de amores, amizades, empregos e marcas como quem troca de tênis, e a sensação de fugacidade do tempo, cantada em prosa e verso na literatura, chega a seu paroxismo nessa nova era em que estamos todos entrando.

Viver, produzir e se perpetuar na era pós-digital não é mais uma questão de utilizar ferramentas ou armas digitais, e sim de possuir uma *alma digital*. Alma digital essa que deve ir muito além de sites, blogs ou canais no YouTube, mais que e-commerce ou redes sociais. Estamos falando de uma outra dimensão do envolvimento digital, aproveitando a onisciência, a onipotência e a onipresença que ele proporciona. Precisamos abraçar o big data e os algoritmos, incentivar o home office e as reuniões por videoconferência, implementar sistemas colaborativos e generativos, eliminar estruturas piramidais para operar em rede, rever hierarquias de poder e estabelecer o diálogo em todos os aspectos da comunicação com o mercado.

Estamos em um ponto de inflexão para uma nova era de total revolução em tudo o que fazemos, mas ainda com paradigmas e certezas que nos prendem ao passado.

Enormes transformações estão vindo rapidamente em nossa direção, mas, em vez de sermos atropelados por elas ou apenas aprender como embarcar nessas mudanças, devemos nos preparar para conduzi-las e para provocar outras transformações.

A era pós-digital é como uma estrada cheia de curvas na qual é preciso combinar velocidade e cautela, atenção ao presente e visão de futuro, adaptabilidade e constância. Se não acendermos os faróis altos para ver o que está mais longe, a chance de dar de cara com um barranco é enorme. O desafio é fazer a curva e antever as próximas que se apresentam na estrada. Por isso, dirijam com atenção, e bem-vindos à era pós-digital!

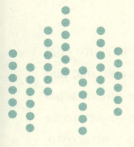

A TECNOLOGIA E A ABERTURA PARA O NOVO

Dizem que o nosso maior defeito é sempre a nossa maior qualidade. E isso se passa também com a internet. Não precisamos abordar nem enfatizar tudo o que ela trouxe de bom para o mundo e a sociedade: a onisciência da democratização do conhecimento, a onipotência de poder se expressar e ser descoberto em nossos talentos e a onipresença por nos comunicarmos com qualquer pessoa do planeta em qualquer idioma.

O surgimento da internet pode ser considerado um dos grandes marcos da evolução humana se pensarmos que ela se processa de maneira democrática e ecumênica. Todas as revoluções anteriores se deram de cima para baixo, o privilégio inicial era para poucos, e agora é o contrário. Quanto mais inacessível for a região e mais pobre for a pessoa, mais a internet impacta e muda sua vida.

Mas é importante manter uma visão crítica e analisar também seus problemas, questionamentos sociológicos preocupantes que a internet trouxe e que geram desafios para todos nós pelo que isso pode representar de risco para as próximas gerações. Estou me referindo ao plano da aceitação das diferenças, da abertura ao contraditório e da busca da harmonia entre indivíduos e grupos sociais. Vamos analisar por quê.

Quando as mídias eram de massa, havia um constante confronto com o contraditório. Nós tropeçávamos o tempo inteiro em algo com que não concordávamos ou não gostávamos. Lembro-me até hoje de que meu pai assistia, aos domingos pela manhã, a um programa de TV com concertos de música erudita e lá ficava eu, ainda pequeno, na sala, meio a contragosto, ouvindo também. Outras vezes, alguém na família ouvia um programa de rádio com viés de esquerda e, por mais que não concordássemos com as ideias, lá ficávamos nós ouvindo teses diferentes de nossas crenças. Com isso, éramos o tempo todo expostos a temas e assuntos dos quais jamais escolheríamos ir atrás, mas eles iam atrás de nós.

A consequência era que, sem querer, ouvíamos pessoas ou manifestações artísticas que não tinham nada a ver conosco e que, se dependessem de nossa vontade, jamais teriam nossa atenção. Como resultado dessa obrigatoriedade plural, nos tornávamos pessoas mais abertas, e muitas vezes o argumento contrário às nossas verdades acabava nos convencendo e até mudávamos de ideia em função disso.

A realidade da internet e das mídias sociais mudou tudo: passamos a nos segmentar, nos tornamos sectários em nossas vontades e opções na busca de entretenimento e de informação. Hoje, só seguimos quem concorda com nossas ideias, só assistimos àquilo que vai ao encontro de nossas crenças, só dedicamos tempo ao que nos interessa, sem nenhuma chance para o novo, o contraditório, o diferente.

Segundo Frédéric Martel, autor francês do livro *Smart: O que você não sabe sobre a internet*, a internet se caracteriza mais por sua fragmentação que pela globalização. Estamos nos tornando cada vez mais fechados naquilo de que gostamos e acreditamos, vivendo em guetos e tribos temáticas que impermeabilizam nossa alma e nossa cabeça. Se em um canal de TV ou jornal somos expostos a uma infinidade de matérias e notícias nas quais a priori não estamos interessados, mas ao tropeçar nelas criamos novos interesses, nas mídias sociais se dá o contrário, vamos fechando o funil de opções, seguindo e sendo seguidos só naquilo em que cremos e apreciamos, sem chance para o inédito, o contrário, o diferente.

Essa visão redutora e sectária cria uma nova geração de seres mais dogmáticos e cheios de certeza, pessoas que acham que sabem o que querem e não querem saber o que não sabem. E pior, não respeitando ou desprezando os que porventura pensem diferente, acreditem em teses adversas ou cultuem prazeres distintos.

O resultado disso é que, enquanto a sociedade exige de nós cada vez mais a aceitação das diferenças, sejam elas religiosas, políticas, sexuais, raciais ou comportamentais, estamos indo cada vez mais para a direção contrária. Ao não ouvir o outro lado, ficamos só no nosso conforto de confirmações frequentes, fechando olhos e ouvidos para quaisquer outros argumentos que contradigam nossas crenças e desejos pessoais.

A maciça utilização de algoritmos parece agudizar ainda mais esse fenômeno das tribos, castas e estamentos na internet. Basta ouvir por três dias jazz no Spotify para que ele defina e personalize seu gosto e, a partir daí, ofereça apenas esse tipo de gênero musical, por mais que você seja pluralista em matéria de entretenimento auditivo. E o mesmo ocorre com as recomendações da Amazon ou da Netflix. Com o domínio dos algoritmos, nosso comportamento passado nos incentiva ao reducionismo futuro.

É difícil prever aonde isso tudo vai nos levar como civilização. Mas uma coisa é certa: o caminho da tolerância passa pela pluralidade e pela abertura mental, pela capacidade de quebrar paradigmas e rever certezas. Não é para onde a tecnologia e a sociedade parecem estar caminhando no momento. E precisamos rapidamente alterar esse estado de coisas.

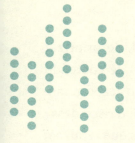

O MAL DA BANALIDADE

Em matéria de estratégia empresarial, é sempre perigoso amarrar seu destino ao de outra organização que possa alterar caminhos na hora que quiser. Isso não é diferente no plano digital das editoras e produtoras, para quem a força e a importância das redes sociais deu a falsa impressão de que poderiam reduzir o esforço de plataformas próprias e passar a distribuir seu conteúdo prioritariamente por meio delas.

A mudança dos algoritmos recentemente anunciada pelo Facebook traz o assunto ao centro da discussão, mas é apenas uma evidência adicional do sintoma que agudiza o problema.

Provedores de conteúdo têm de definir uma estratégia própria da qual redes sociais sejam parte integrante, mas não seu caminho único ou essencial. Há necessidade de manutenção de sites específicos, expansão de apps, lançamento de newsletters e várias outras ferramentas de aproximação com seu público-alvo.

Durante meu período de gestão à frente do Grupo Abril, apesar de uma excelente parceria com as principais redes sociais, sempre entendemos que o caminho é o conteúdo distribuído. Fomos pioneiros no Instant Article do Facebook, no AMP do Google e temos audiências relevantes no Snapchat e Instagram, além de acordos com MSN e Outbrain, que priorizam o cruzamento de conteúdo entre nossas várias publicações.

Quanto à decisão recente e questionável do Facebook de priorizar pessoas e assuntos próximos ou familiares em detrimento de conteúdo relevante de caráter geral, tenho receio de que no futuro isso acabe gerando uma exagerada ênfase em frivolidades e egomarketing. E o risco desse caminho é o fechamento das pessoas em clusters temáticos que reduzam o contraditório, agudizem a polarização e ampliem a intolerância.

Acredito que o termo *redes sociais* deveria embutir uma missão de real contribuição social, da qual a difusão de cultura e informação e a maior exposição das pessoas ao conhecimento geral fariam parte. Essa mudança, porém, parece nos levar no caminho contrário. O uso de algoritmos tem facilitado muito os processos de venda, persuasão e envolvimento, mas trazem como efeito colateral uma enorme ameaça ao próprio futuro das redes sociais em função da evidente ampliação da futilidade e da perda de conteúdo relevante.

Quando, em 1963, a teórica política alemã Hannah Arendt criou o termo "a banalidade do mal" em um de seus livros que tratava de avaliar a apatia social ao terror; ainda não havia internet e o mundo digital era uma visão distante. Passados mais de 50 anos, hoje nossa análise se volta para a inversão do conceito, e o que deve preocupar a sociedade é "o mal da banalidade".

Se dermos às pessoas apenas o que elas acham que querem saber, isso vai cerrá-las em tribos autoalimentantes, o que, com certeza, contribuirá para um maior engajamento imediato, mas trará resultados preocupantes para o convívio social e a formação de uma sociedade mais consciente, justa e igualitária.

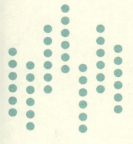

FIM DE FEIRA?

O mundo digital sempre surpreende por sua capacidade de gerar disrupção em múltiplos setores de atividade, por mais que se preveja e extrapole sua influência e alcance.

Inovações digitais causaram um verdadeiro tsunami na área de turismo e reservas, levando de roldão milhares de negócios antes saudáveis e lucrativos. O mesmo fenômeno impactou o varejo em geral, obrigando tudo e todos a reverem suas margens e modelos de negócio.

O segmento de telecomunicações foi outro que sofreu e está sofrendo as dores do parto desse novo mundo. A mídia também não ficou de fora e está tendo a necessidade de se reinventar para fazer diferente se quiser continuar fazendo diferença.

A propaganda e o marketing, após alguma recalcitrância inicial, foram na onda e mergulharam de cabeça no mundo digital, tirando o sono das agências, exagerando na expectativa de retorno e se frustrando na construção e manutenção de valor de marca. Estão voltando um pouco às premissas originais, mas muito diferentes e muito mais exigentes nessa volta.

> A verdade é que o mundo mudou para todos, mas para alguns mudou muito mais.

Na área de eventos, feiras e exposições, o sismógrafo também apontou grande oscilação. Do Salão do Automóvel em São Paulo ao do Esporte em Frankfurt, do TED ao MIPCOM, toda a indústria de eventos precisa se reposicionar para continuar relevante.

A ideia anterior de que bastava montar um belo estande, distribuir guloseimas e bebidas pelo recinto e ter recepcionistas interessantes exibindo seus dotes físicos está se mostrando insuficiente. E, neste momento, nem essencial é mais.

A internet antecipou lançamentos e permitiu contato direto e perene entre milhões de profissionais de qualquer parte do mundo que antes se encontravam uma única vez ao ano, exatamente nos eventos do setor. Antes, essa era uma oportunidade única de aproximação. Agora, todos estão conectados o tempo todo. O que antes era uma experiência extraordinária e rara agora é ordinária e 24 horas, 7 dias por semana.

Essa sensação de déjà-vu percorre a mente de todos os que cruzam os corredores e salões de eventos de qualquer setor. Cada um dos participantes amanhece e vai dormir com uma pergunta que não quer calar: "O que eu estou fazendo aqui?" Muito pouco acontece para compensar a viagem, a distância dos negócios e o esforço financeiro de quem promove ou participa dos eventos além do acúmulo de milhas para suas próximas férias.

A verdade é que o setor de feiras, exposições, congressos, seminários e afins precisa buscar uma nova razão para continuar existindo. Do contrário, seu fim como indústria pujante será melancólico.

Há 20 anos, por dever de ofício, eu frequentava anualmente o NATPE, evento e feira internacional de programação e conteúdo para TV. Por outras razões, acabei retornando este ano e a sensação foi deprimente. Negócios continuam sendo fechados, conteúdos negociados e adquiridos, mas a feira é uma pálida ideia do que já foi. Lembra aquela senhora adiantada na idade que, sem reconhecer isso, está exagerada na maquilagem e vestida como alguém bem mais jovem, tentando exibir o que já não é.

A área de exposição reúne apenas novos entrantes ou incautos que procuram repetir a fórmula para terem a chance de existir. Os grandes estúdios e canais de TV, antes exuberantes na sua presença com estandes milionários e celebridades por toda parte, agora se reúnem em discretas suítes nas quais continuam se encontrando com seus potenciais clientes sem a pompa e circunstância de outrora. E por uma fração do custo anterior.

As palestras, longe de se caracterizarem por seu conteúdo de novidade ou ineditismo, reúnem palestrantes que repetem obviedades, reclamam das dificuldades e aproveitam o espaço que lhes é dado no palco para vender seu peixe. Branded content em formato explícito e ao vivo. Entrei nos salões de conferência para ouvir insights e anotar novidades. Saí com a cabeça e o papel em branco.

É bem verdade que encontrei amigos, soube de fofocas do setor e pude reforçar alguns conceitos que já tinha. Mas novidade zero.

Tanto para quem expõe como para quem visita, a utilidade marginal dos eventos vai diminuindo aos poucos, tragada pela onipresença digital, efemeridade das novidades e acesso permanente a tudo e a todos.

Isso significa que os eventos estão com os dias contados? Sim e não. Se permanecerem no modelo atual, sim. Mas se adquirirem uma alma digital, colaborativa e generativa, não.

É preciso rever forma e conteúdo, incorporar mais espaços de relacionamento e curadoria, utilizar novas tecnologias imersivas, inovar em formato de inscrição e opções de participação, renovar os talentos convidados para expressar suas ideias, criar mecanismos de utilidade pós-evento com follow-ups exclusivos e inocular características de entretenimento e interação em todas as manifestações do projeto. Afinal, não é possível um evento que celebra a criatividade dos que produzem conteúdo ser tão pouco criativo e anacrônico nos seus formatos disponibilizados aos participantes, patrocinadores e expositores.

Sim, eventos podem e devem continuar existindo. Mas precisam se reinventar. Meu desejo é de vida longa ao NATPE e a todos os demais eventos. Mas só o tempo dirá.

EMERGENTE – O DIGITAL E A REVOLUÇÃO 3D

Ao oferecer novas possibilidades ao indivíduo e facilitar suas trocas com o coletivo, a tecnologia digital faz com que cada pessoa, independentemente da origem socioeconômica ou geográfica, se sinta em condições de ser mais assertiva em suas atitudes. Esse empoderamento altera toda a correlação de forças da sociedade e gera efeitos avassaladores.

> A tecnologia muda as pessoas. Sempre foi assim. Mas, a tecnologia digital, que ganhou ubiquidade nas últimas décadas, provocou alterações comportamentais de alcance inédito. Ao facilitar as relações com o mundo e o acesso à informação, aumenta a autoconfiança para se relacionar, aprender e também para empreender.

Estamos vivendo a primeira revolução na História da humanidade que abarca as dimensões cultural, econômica e política. É literalmente uma revolução 3D, que envolve todo mundo e convida a todos a deixarem de ser meros espectadores da história e passarem a fazer parte dela — exatamente como ocorre quando vamos ao cinema ver um filme em 3D, mas com a diferença de que a participação de cada um altera em alguma medida o roteiro e pode mudar o desfecho.

A revolução 3D também é original em termos de sentido: genuinamente parte da base para o topo, porque surge do indivíduo, extravasa para a sociedade, envolve as formas de geração de renda, atinge a esfera das instituições e, por fim, o Estado.

A tecnologia libertou a alma humana. Esse movimento emergente vem provocando mudanças inéditas em sua abrangência e potência.

É como se uma grande bolha de ar fosse libertada no fundo de um jarro. No seu caminho para a superfície, ela agita o conteúdo, provoca ondulações, desarruma a tranquilidade. Esse movimento de emersão é, em sua essência, revolucionário.

> A alma humana emergiu. E isso é uma grande notícia.

Todo esse movimento revolucionário de emersão exige análise, porque aponta para caminhos que nem os mais geniais ficcionistas puderam antecipar e desenham cenários tão surpreendentes que deixam toda uma geração de líderes sem referências para balizar seus atos.

As pessoas ganharam poder e protagonismo. Seus sentimentos passaram a importar e a gerar efeitos em grande escala.

Equipamentos inventados há poucas décadas, sistemas desenvolvidos há poucos anos e novidades recentemente absorvidas foram capazes de mudar nosso jeito de viver. A tecnologia virou a melhor amiga dos pensamentos, das emoções e dos sentimentos. Aproximou famílias e amigos, que com poucos cliques podem hoje viver a doce sensação de se comunicar com alguém querido, permitiu que cada pessoa pudesse valorizar sua rede de relacionamentos, além de distribuir informação em tempo real sobre o que está acontecendo com nossos semelhantes e nos ajudar em nossos projetos pessoais e na geração de renda. Enfim, facilitou nossas trocas com o mundo. Tornou nossos cérebros mais permeáveis e férteis. E nossas emoções, mais aparentes.

Graças à tecnologia, emergimos e nos tornamos mais gente. Por isso, estamos dando início a uma nova sociedade EmerGente. E se um dia alguma equação voltada a explicar o comportamento humano por ventura tenha funcionado, hoje não mais se aplicaria em razão das rápidas transformações da realidade. A grande revolução emergente já começou — em 3D. E precisamos encontrar nosso papel nela.

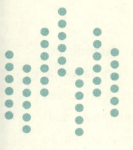

BOM DIA, TECNOLOGIA!

Hoje, na primeira meia hora depois de acordar, um terráqueo médio já interagiu com mais tecnologia do que o seu avô sequer imaginava ser possível. A rotina matinal contemporânea, que todo mundo percebe como trivial, é uma conquista tecnológica sem precedentes na história. Vivemos tão completamente imersos em tecnologia que mal notamos sua presença, e muitas vezes não percebemos o quanto ela nos faz superpoderosos e o quanto ela empurra nossa espécie para viver mais tempo, com mais saúde e conforto.

Por exemplo, alguém percebeu que, em um colchão, as molas acabavam por ser influenciadas por suas vizinhas, mas também que, se fossem embaladas uma a uma, seu comportamento mudaria e elas poderiam oferecer a resistência certa para cada curva do corpo que deitasse sobre elas. Isso é honrar o significado grego da palavra *tecnologia*, é criar um método para organizar o que se sabe de modo a obter um resultado mais eficiente.

A palavra tecnologia é a combinação do grego *tekhne* (que significa arte, método ou ofício) e *logos* (conjunto de saberes). Ou seja, pode ser definida como a arte de coordenar conhecimentos científicos de forma a produzir resultados palpáveis. Normalmente, as pessoas associam tecnologia à inovação, e isso nos leva à sua associação com o mundo digital, área em que a ciência aplicada tem trazido os resultados mais impactantes para a nossa realidade nos planos afetivo, filosófico e produtivo.

Mas o fascínio por tecnologia nada tem de novidade. Quando um hominídeo ancestral criou o primeiro instrumento de pedra lascada, imediatamente conquistou uma vantagem competitiva em relação ao seu vizinho porque o equipamento o tornava mais produtivo, portanto, mais próspero. Não demorou para que esse diferencial se tornasse acumulação e poder. Assim, o valor percebido da tecnologia sempre foi alto.

Seja no colchão ou no smartphone, o fato é que há mais tecnologia embarcada em tudo o que usamos do que nos damos ao trabalho de perceber. No entanto, é preciso reconhecer que a mágica que se expressa na telinha do celular é mais impactante. Mas, ainda assim, o grau de fascínio varia. O deslumbramento é maior para quem nasceu na era analógica do que para os que vieram ao mundo depois de 1990. Esse efeito é compreensível, já que o primeiro impulso das pessoas é só reconhecer como tecnologia o que foi inventado depois do seu nascimento. O que havia antes era parte da vida. A novidade é sempre o que vemos chegar, o que nos surpreende. E é inexorável que as surpresas aconteçam.

A tecnologia se comporta como a fênix, o pássaro mitológico que quando sentia necessidade de se renovar entrava em autocombustão para renascer das cinzas. Quando uma inovação tecnológica é criada, ela mata a tecnologia que a precedeu e sabe que esse também será o seu destino quando um aperfeiçoamento vier e ela se tornar obsoleta.

EVOLUÇÃO DOS APARELHOS CELULARES

1990 ⟵   ⟶ 2019

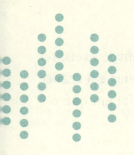

O FIM DOS LIMITES

Antes da invenção da luz elétrica, o cair da tarde impunha uma série de limitações. A iluminação por velas, ou mesmo por lampiões a gás (que representavam a melhor tecnologia da época), era insuficiente para trabalhar ou mesmo ler com conforto. A eletricidade mudou tudo isso e ainda permitiu a criação de uma série de aparelhos libertadores do corpo, como máquinas de lavar, chuveiros, aspiradores de pó e ferros de passar, bem como toda uma família de equipamentos que libertaram a alma, tais como os fonógrafos, o rádio, o cinematógrafo e a televisão.

A descoberta dos processadores (chips) permitiu que as informações em código fossem sistematizadas mais rapidamente. Hoje, a tecnologia digital nos permite realizar instantaneamente e com uns poucos toques as façanhas de superar tempo e espaço. E o melhor: a um custo cada vez menor e mais acessível.

No passado, ter nascido em um lugar afastado praticamente determinava o destino das pessoas. Hoje é a falta de acesso a um computador, celular ou smartphone que pode atrapalhar a chance de alguém prosperar na vida, já que esses equipamentos permitem que qualquer mortal tenha "poderes" antes reservados apenas aos deuses. Basta ter um celular ou estar online para que o indivíduo possa entrar em contato com gente de qualquer lugar superando distâncias físicas antes intransponíveis, ter acesso a todo tipo de conhecimento com uns poucos toques e a chance de ter um espaço virtual com escala teoricamente mundial em que é o absoluto senhor da sua expressão.

> Ao derrubar limitações antes intransponíveis, a ubiquidade do acesso à tecnologia digital cria uma situação inédita na história em termos de empoderamento do indivíduo, porque, ao longo de milênios, a tecnologia era acessível a poucos privilegiados e imediatamente os afastava da maioria, colocando-os em posição de dominação.

Isso está claramente contado nos livros de história. Com instrumentos, os nossos ancestrais conseguiam caçar com mais eficiência e as proteínas passaram a fluir melhor, o que deu mais força física para caçar presas ainda maiores e mais nutritivas. A conquista do fogo também ajudou. Os alimentos cozidos eram mais fáceis de digerir e davam mais energia. A tecnologia de deixar o cozimento fazer metade do trabalho teve um efeito importante, pois gerou energia extra, que foi direcionada para o cérebro e permitiu seu melhor desenvolvimento. Mas fazer fogo toda hora dá um trabalhão e carregar brasas não é lá muito prático na vida nômade. Entre o fogo e a estrada, o primeiro venceu e a espécie ganhou endereço fixo.

Sem precisar mudar o tempo todo, houve mais espaço para criar, e daí surgiram outros instrumentos e a tecnologia de cultivo. Os humanos saíram da caça e coleta e entraram na era da agricultura. A invenção do arado mudou tudo, deu escala para a produção. Quem inventava melhores instrumentos e era mais capaz de perceber como o ambiente se comportava, conseguia obter maior produtividade e, consequentemente, ganhava poder.

Assim surgiram as grandes civilizações na Mesopotâmia e no Egito, e a sistematização de conhecimento foi rapidamente reconhecida como fonte de poder. Por isso, a grande maioria das pessoas foi deliberadamente deixada na ignorância. O raciocínio era simples: "Se todos puderem pensar e criar, quem vai fazer o trabalho braçal?"

Como informação é o combustível para a criatividade, por milênios foi escassamente distribuída. Só se passava a informação na justa medida da necessidade do receptor. Os trabalhadores eram treinados a fazer coisas e impedidos de saber as razões científicas que as determinavam. Em várias sociedades, o saber adquiria uma aura mística e se tornava exclusividade dos sacerdotes, curandeiros e oráculos.

Os egípcios da dinastia ptolemaica sabiam disso e tomaram providências: reuniram todo o conhecimento do mundo em papiros na biblioteca de Alexandria. Vale notar que o acesso aos papiros do acervo era bastante restrito e servia como uma espécie de arsenal de saberes que poderiam suprir as necessidades dos faraós na administração dos seus reinos.

Os gregos eram mais generosos na administração do repertório intelectual, inclusive incentivavam a ciência, mas sempre mantinham essa atitude positiva circunscrita aos cidadãos das suas cidades (lembrando que mulheres e crianças não entravam nessa conta).

Versados em estratégia, os romanos perceberam que o melhor era fracionar o conhecimento em especialidades. Assim, abria-se a possibilidade de obter avanços segmentados nas diferentes ciências, sem que as inovações produzidas atingissem escala social, o que poderia alterar relações de poder e gerar insatisfações perigosas.

Durante toda a Idade Média, por exemplo, o conteúdo dos livros era reproduzido por monges copistas, que muitas vezes eram analfabetos, só desenhavam as letras sem saber quais palavras formavam. Assim, a ignorância reinou no Ocidente por mais de mil anos.

> No Renascimento, o valor deste conceito de manter as pessoas na escuridão foi colocado em xeque, e homens que tinham conhecimento de diversas áreas começaram a criar novas tecnologias e também arte. Leonardo da Vinci foi um dos grandes exemplos dessa capacidade criativa que transitava entre a tecnologia e a arte.

Mas o acesso ao conhecimento continuou restrito até o final do século XX e, mesmo nos dias de hoje, persiste em alguns círculos, embora isso seja inútil, já que hoje se tornou praticamente impossível conter o acesso à informação.

Atualmente, o consumo de cultura está cada vez mais amplo. O ensino a distância é uma realidade em escala global e está abrindo possibilidades sem precedentes para a conquista de formação acadêmica. Graças à tecnologia da informação, qualquer pessoa que disponha de conexão de internet pode desenvolver seus estudos, escolher seu destino e usar prerrogativas de ascensão social anteriormente só reservadas à elite.

Com a tecnologia mais acessível, cada vez mais gente pode se expressar, se colocar, participar do mercado consumidor, da política, das artes. Todo mundo está a poucos cliques de um poder sequer sonhado há um século e apenas colocado como fantasia há algumas décadas.

Estamos falando sobre gente que, ao usar a tecnologia, transforma a sociedade e as formas de gerar riqueza. Gente que conquistou poder como indivíduo e, enquanto grupo, passou a ter voz ativa e ampliou sua capacidade de fazer diferença, de mobilizar outras pessoas. Graças aos novos poderes concedidos pelo acesso à tecnologia, as pessoas puderam, pela primeira vez na História, ser muito mais que uma massa indistinta de consumidores, de eleitores, de público.

> Hoje, todo mundo tem um rosto. A tecnologia das mídias sociais permitiu ir além de ser "apenas um número". Ganhamos voz e história pessoal. Antes, só os reis tinham sua vida colocada em uma linha do tempo. Agora, basta estar em uma rede social para ser o rei da sua história.

Por isso, precisamos prestar mais atenção nessa gente que emerge do anonimato e se posiciona como força criativa e produtiva. E colocar nosso olhar sobre aqueles que, na contramão do determinismo histórico e geográfico, foram capazes de vencer barreiras e ampliar seus poderes de ação, expressão e pensamento.

A tecnologia digital permitiu que as opiniões, desejos e sentimentos das pessoas pudessem vir à tona. Hoje, todo mundo é uma mídia e as limitações são cada vez menores. Até as distâncias físicas deixaram de ser um fator limitante imperativo.

Neste novo mundo, o acesso se tornou total, global e ágil. Finalmente, cada humano tem a possibilidade de se posicionar em uma escala jamais vista. E isso precisa ser celebrado todos os dias.

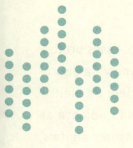

A ESCOLA NÃO É MAIS AQUELA...

Lápis na mão, olhar entediado, cabeça distante. Essa é a descrição de boa parte das crianças nas escolas tradicionais, aquelas em que um professor e uma lousa são os únicos equipamentos possíveis. Se condenar jovens mentes ao tédio esmagador já era suficientemente cruel há um século, agora, é simplesmente injustificável.

Nascidas na era digital, as mentes das crianças trazem uma agilidade que não combina com o processo educacional analógico. Antes mesmo de aprenderem a balbuciar sentenças, os pequenos já brincam com os celulares dos pais — alternativa muito mais eficaz que as chupetas para distraí-los — jogando ou desenhando — sim, eles começam a desenhar nas telas com os dedinhos muito antes de empunhar um lápis de cor. Certamente adquirem mais destreza com os instrumentos eletrônicos do que qualquer adulto, simplesmente porque são nativos digitais.

Como os professores geralmente são turistas digitais (aqueles que passam bem pouco tempo na era digital e sempre estão só de passagem checando os horários do cinema ou a previsão do tempo e dando likes no Facebook) ou, na melhor das hipóteses, imigrantes digitais (aqueles que sabem que tem de viver ali, mas morrem de saudades dos tempos em que viviam no planeta analógico), o conflito está armado. Esses professores nascidos no século XX não só são incapazes de incluir a vida digital no seu processo de ensino como também não compreendem os efeitos comportamentais que o ambiente da internet provoca. Não adianta as escolas terem um laboratório digital, elas precisam de professores digitais.

Na vida tecnológica, valores como instantaneidade são importantes porque tudo é tão efêmero que as respostas que demoram a ser dadas perdem a validade rapidamente. Na escola, ao contrário, tudo está sempre igual, então não há pressa, há tédio. Outro valor importante na ética online é ser capaz de se posicionar. É possível não gostar de alguma coisa, gostar ou até gostar tanto que o botão de compartilhamento é acionado e o usuário passa a assumir como seu aquele post. Na escola, os alunos nunca são chamados a dar suas opiniões, e isso é desestimulante. A internet é proativa. Se há interesse em um assunto, nada é mais natural do que buscar saber mais sobre ele. Na escola, as pesquisas são feitas sobre assuntos dolorosamente desinteressantes.

Por todas essas razões, a escola tradicional está jogando contra o bom desenvolvimento dos alunos. Há, claro, a alternativa de embarcar de vez na era digital e tirar os computadores de sacrossantos laboratórios e atirar os professores em reciclagens profundas para que possam emergir mais alinhados com as expectativas dos seus alunos — que são cada vez mais altas, pois eles sabem que há formas mais coerentes de aprender.

Com a tecnologia mudando e o conhecimento sobre tudo se expandindo, os professores precisam entender que não há nada errado no fato de eles não saberem tudo. O que não pode é não se importarem em procurar saber. Todo o sistema educacional forjado no século XIX e que perdurou durante todo o século XX colocava o professor como fonte única de conhecimento. Hoje, para as crianças, esse papel é do Google.

No caso das escolas particulares de ponta, as aulas online já fazem parte da rotina, e a abordagem de que o professor é uma mistura de moderador e guia supera a visão de que ele é a única fonte de conhecimento. Há uma migração para o perfil de mentor, e não mais de tutor. No século XX, quando uma criança desconfiava que a professora estava errada, perguntava para os pais ou ia até a biblioteca confirmar antes de confrontar a professora. Hoje, isso se faz em segundos. Portanto, o modelo "professor sabe-tudo" perdeu a validade.

Mas, enquanto os jovens de escolas abastadas desenvolvem suas habilidades digitais online, nas escolas públicas ainda há muito a fazer. Computadores escassos e sucateados, programas desatualizados e pouca orientação aumentam o abismo entre as crianças e a escola. A irresponsabilidade dos governos em não preparar as crianças para o mundo digital em que viverão é uma temeridade, é como aleijá-los intelectualmente e mutilar sua capacidade de competir no mercado de trabalho futuramente.

Como já se disse antes:

> Se muita gente fica alarmada com o preço da educação, é porque nunca se calculou o custo da ignorância.

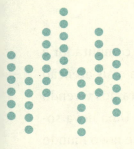

DESTRUIÇÃO CRIATIVA

A internet já é uma quarentona, o computador pessoal já tem mais de 30 anos, a World Wide Web já está na maioridade — tudo isso deixa claro que já está mais que na hora de parar de se referir a eles como "novas" tecnologias e começar a discutir os efeitos já bem claros que têm provocado na sociedade.

O economista austríaco Joseph Schumpeter criou a expressão *ondas de destruição criativa* em sua teoria sobre a inovação econômica e os ciclos de negócios para descrever o processo de mutação industrial que incessantemente revoluciona a estrutura econômica de dentro para fora, sempre destruindo o velho e criando o novo.

No mundo da tecnologia da informação e das comunicações, essas ondas, descritas pela lei de Moore, vêm ocorrendo em frequências cada vez maiores, o que faz com que muitas empresas acabem "tomando caldos" fabulosos. Algumas jamais se recuperam, inclusive. Mas, de forma geral, os efeitos da lei de Moore têm sido largamente mais positivos e criativos do que destrutivos.

Entre as coisas que a melhor performance dos chips de computador e seu proporcional barateamento têm causado, a que chama mais atenção é o que os físicos descrevem como mudança de estado. Estamos vivendo exatamente esse momento em que o líquido vira gasoso. Uma nova sociedade está se formando pela computação, e o perfil deste novo mundo só está começando a emergir da névoa formada pelo encantamento com o que a tecnologia é capaz de realizar.

É preciso perceber que as tecnologias digitais se tornaram tão poderosas que nos forçam a repensar conceitos sobre o que as máquinas podem ou não fazer. Mesmo depois da virada do milênio, para chegar até um endereço desconhecido, um motorista pegava um volumoso guia de ruas, criava uma rota, ia marcando as páginas e de tempos em tempos tinha de parar para consultar o mapa ou pedir instruções em um posto de gasolina.

Hoje, basta colocar o endereço no Waze que o aplicativo não só oferece várias rotas como dá a hora estimada de chegada e ainda vai ditando o caminho e avisando sobre possíveis ocorrências. Com isso, toda a experiência de dirigir mudou. As pessoas gostam da ideia de estarem ajudando as outras ao reportarem situações para o aplicativo, reduzem o tempo emitindo gases dos seus veículos, evitam aumentar o seu índice de estresse no trânsito e ainda ganham independência.

Avanços como esses nos fazem prever que os carros que se dirigem sozinhos, e que pareciam uma miragem distante, já estão virando a esquina e rapidamente estarão entre nós.

Mas nem todos ficam maravilhados. Há os que se perguntam o que vai acontecer com os motoristas profissionais. Bem, nesse caso, voltamos para a questão da destruição criativa. Pode ser que o número diminua e que as pessoas sejam obrigadas a procurar outro trabalho que, talvez, as faça mais felizes. Pensar assim é a mesma coisa que deixar de usar e-mails para não desempregar os carteiros. Ou desligar a televisão para proteger os atores de teatro. Não foi isso que aconteceu e não será isso que acontecerá.

Em última análise, quem pilota a economia é a tecnologia e quem comanda a tecnologia é a sociedade. Um exemplo claro é a utilização da energia nuclear. A descoberta da tecnologia de enriquecimento de urânio foi aplicada em bombas destruidoras, sim, mas também é base do fornecimento de energia elétrica há décadas. Graças a essa tecnologia, não foi preciso destruir árvores para fazer carvão para as termoelétricas e os países puderam crescer cada vez mais verdes. Agora, os alarmistas de plantão escolheram a inteligência artificial como o risco da vez. Mas é apenas uma questão de tempo para que todos entendam que máquinas e pessoas precisam se unir sob o princípio da coevolução.

A despeito da verdadeira fobia de automação que toma conta de algumas almas, é preciso considerar que surfar as ondas de destruição criativa tem sido muito saudável para a humanidade. Das descobertas científicas que derrubaram mitos limitantes à utilização recreativa da realidade virtual, o que mais se vê a é a tecnologia ganhando de lavada das preocupações.

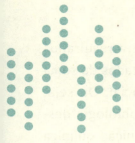

REVOLUÇÃO EMERGENTE

Tempo e escala diferenciam a evolução da revolução. As revoluções implicam transformações rápidas e em grande escala enquanto a evolução tende a ser lenta e se concentrar em alguns aspectos específicos. Uma revolução ocorre quando se altera de uma hora para outra a ordem do que estava acomodado. Um fenômeno parecido com as malas de viagem. Uma vez que seu conteúdo é manipulado, o volume aumenta inexplicavelmente e, mesmo que nada novo tenha sido adicionado, simplesmente o que estava lá encaixado na ida já não cabe mais na volta.

> O movimento coletivo de apropriação dos seus direitos e desejos provocado pelo acesso às tecnologias digitais é verdadeiramente revolucionário.

Assim, quando as pessoas, por meio das tecnologias hoje largamente difundidas, como celular, internet e redes sociais, passam a ter mais acesso à informação e, ao mesmo tempo, ganham a autonomia para expressar suas opiniões, a revolução acontece.

Essa interação entre a tecnologia e os indivíduos gera resultados imprevisíveis que não são explicáveis como simples resultados da soma de ações individuais, porque ganham volume exponencial. Ou seja, essa massa de indivíduos age exatamente como a sociobiologia descreve, como "fenômeno emergente" que segue uma definição química e física, como algo que ocorre quando muitos agentes simples operam em um ambiente, formando comportamentos complexos no coletivo. O resultado em si é normalmente imprevisível e acaba acarretando a evolução do próprio sistema.

O mesmo se dá no cenário comportamental em que interações homem–máquina individuais alteram profundamente os destinos da sociedade como um todo, também de maneira inesperada e imprevisível.

O mundo pós-digital permite que algo inédito na história ocorra: uma revolução que acontece de baixo para cima — literalmente emergente — que afeta todos os aspectos da vida humana, tanto na escala individual como social, e que deve provocar a maior, mais profunda, mais completa e mais rápida mudança de atitude de que se tem registro desde o começo dos tempos. Uma verdadeira revolução.

Até agora, todas as revoluções foram, até certo ponto, manipuladas por uma elite qualquer que usava as aspirações das pessoas e o eventual descontentamento com a sua situação para incutir ideias e conquistar apoio para realizar uma mudança rápida. Foi a partir do discurso de lideranças que ocorreu a mobilização popular que finalmente resultou nas revoluções Francesa e Russa, ambas de caráter político. Na Revolução Industrial, o aspecto revolucionário estava na rápida transformação do modo de produção, que alterou todo o cenário econômico e provocou a mudança nos eixos de poder na sociedade.

Em sua essência, a tecnologia sempre foi revolucionária. De fato, cada nova tecnologia desenvolvida pela humanidade revolucionou a produção no sentido de permitir o ganho de escala de determinada tarefa. Só que, como a tecnologia se mantinha sempre restrita ao domínio de poucos, junto ao ganho de produtividade vinha a acumulação de riqueza por parte de uns sobre os outros.

Nessa fase, a tecnologia potencializava a mais-valia, pois com menos funcionários era possível produzir mais e acumular mais recursos, concentrando renda. O homem vivia a serviço da tecnologia porque, como já mencionamos, ela servia como instrumento de dominação de uns sobre os outros. Essa relação mudou. Hoje, a tecnologia está tão acessível que, finalmente, a relação se inverteu e ela passou a servir à humanidade, e não apenas a uma minoria.

A revolução que começamos a viver é diferente porque ela ocorre a partir do esclarecimento de cada indivíduo, da visão de mundo que emergiu das suas próprias experiências analisadas em face dos fatos a que ele tem acesso. Ela não se espalhou a partir de um centro de pensamento, não tem um núcleo ideológico, brota da consciência individual e, por isso, prescinde de lideranças.

Isso ocorre porque, a partir do momento em que uma pessoa passa a ter acesso a todo tipo de informação, ela desenvolve uma mudança pessoal de atitude. Esse indivíduo deixa de aceitar estruturas consolidadas e passa a questionar tudo e a avaliar cada situação a partir da sua perspectiva. Ele passa a ser protagonista da própria história. E mais: deixa de aceitar a vida como ela tem se mostrado até então e exige mudanças. É aí que está a semente revolucionária.

> A revolução que estamos vivendo por conta da ubiquidade da tecnologia está provocando alterações na dimensão individual, de caráter pessoal e emocional, capazes de gerar impactos no processo produtivo e, portanto, na economia, e que também reverberam na política. Ou seja, é uma revolução em três dimensões: pessoal, produtiva e política. É a primeira "revolução 3D" da história.

As revoluções anteriores ocorriam em algum desses campos específicos — seja político, pessoal ou produtivo — e depois influenciavam o que estava em volta. Esta é a primeira vez que a mudança ampla ocorre ao mesmo tempo nas três dimensões, porque muda a relação do indivíduo com suas aspirações, muda a forma de produzir e traz mudanças no aspecto sociopolítico.

Esta revolução é 3D pelo fato de ela ocorrer de dentro para fora das pessoas e vir da base da pirâmide social para seu topo, enquanto as outras revoluções que conhecemos representavam uma alteração de fora para dentro ou de cima para baixo. Essa mudança vetorial faz toda a diferença, pois implica consistência e inevitabilidade.

Quando muita gente pensa e contribui para a formação de um pensamento coletivo isso é chamado de exteligência. Enquanto na inteligência as sinapses ocorrem nos neurônios dentro da cabeça humana, na exteligência existe essa enorme rede na qual cada indivíduo contribui como se fosse um neurônio. A inteligência é individual, a exteligência é coletiva. A primeira fica represada na mente das pessoas, a segunda emerge com força por meio de compartilhamentos e criação coletiva.

Isso tudo foi propiciado pelo digital, que trouxe aumento de repertório e comunicação para fazer com que esse pensamento coletivo se concatene. O mundo pós-digital oferece a possibilidade de arquivar, processar e transmitir todo o conhecimento para as próximas gerações em volumes antes impossíveis. Hoje usamos o cérebro como memória RAM, e não como hard disk. Ou seja, não precisamos mais acumular tudo na cabeça e nosso desafio é saber gerir os conhecimentos de que dispomos de acordo com nossa necessidade.

Finalmente, a tecnologia está a serviço das pessoas, o que representa outra inversão de sentido inédita. Desde o princípio dos tempos, o homem tem estado a serviço da tecnologia, sendo subjugado por quem detinha uma determinada técnica produtiva. Quem detinha as tecnologias mais eficientes acabava por concentrar a renda e as diferenças sociais aumentavam em decorrência disso.

Antes, quem detinha conhecimento se achava mais do que os outros e não era raro que se encastelasse e guardasse o seu patrimônio intelectual com a mesma volúpia com que o Tio Patinhas guarda moedas na sua enorme caixa-forte. Na era digital, a autoridade intelectual está muito mais na habilidade de compartilhar conhecimento de forma dinâmica do que de mantê-lo de forma estática. Quem amplia o seu repertório cultural não quer guardá-lo, pelo contrário: quer compartilhar isso. Há trocas o tempo todo. As pessoas estimulam e são estimuladas. Ter seguidores significa ter poder.

A busca por inovação e a generosidade em compartilhar os avanços que vemos nesse milênio está mais alinhada com a atitude de outro personagem, o Professor Pardal, inventor idealista que sempre estava buscando patrocínio do Tio Patinhas, mas que era um visionário não só na área da ciência como também da nova economia, baseada mais na inovação do que no acúmulo de capital.

Nunca a máxima cristã de que "é dando que se recebe" foi tão verdadeira no que se refere ao conhecimento na era pós-digital. Não adianta mais saber o que quase ninguém sabe. O que importa é a sua capacidade de compartilhar o seu repertório, de colaborar com projetos maiores, de desenvolver interfaces, de atuar proativamente com seu patrimônio intelectual.

A boa notícia é que o que vivemos hoje desmente a visão pessimista de George Orwell no livro *1984*, no qual o autor descreve a figura do Big Brother. A ideia de que existe uma inteligência central e que condiciona cada pessoa a ser apenas um seguidor passivo não se aplica mais. Hoje é impossível controlar completamente os fluxos de informação. Há quem tente, mas esse tipo de dominação da consciência se tornou uma estratégia difícil de manter. Como na internet não existe centro, não existe como domar o fluxo de informações nem como estabelecer verdades tamanho único. Orwell, que vinha de uma estrutura de pensamento industrial, não tinha como prever isso.

E a visão de Orwell sobre uma sociedade em que a fonte de conhecimento seria centralizada tem justificativa histórica.

Há 700 anos, só o clero tinha acesso à informação, que ficava enclausurada nas bibliotecas dos mosteiros e era controlada pela Igreja. Todo o resto da população vivia na mais absoluta ignorância, como o escritor e acadêmico Umberto Eco descreveu no seu romance *O Nome da Rosa*. Naquela fase da história, a maioria das pessoas tinha pouco repertório para formular pensamentos complexos e fazia o que os poderosos desejavam: comia, trabalhava e dormia.

Em 1439, Johannes Gutenberg inventou a imprensa e a nobreza passou a ter algum acesso aos livros e as primeiras grandes bibliotecas começaram a ser formadas — tamanha concentração de conhecimento não ocorria há mais de mil anos, desde o incêndio da biblioteca de Alexandria. Nesse período, as universidades começaram a surgir na Europa. Há pouco mais de 100 anos, os ricos passaram a frequentar as universidades. Há cerca de 50 anos, quem morava nas grandes cidades passou a ter acesso à cultura, à formação superior e à informação.

Há 40 anos, com a internet, pesquisadores de várias partes do mundo conseguiram uma forma eficiente de colaborar por meio de uma rede de computadores.

Nos últimos 20 anos, desde a criação da World Wide Web e das ferramentas de busca, qualquer pessoa em qualquer parte do planeta passou a ter acesso às melhores bibliotecas com apenas alguns cliques, inclusive às mais elitizadas, como a Biblioteca do Congresso dos Estados Unidos, em Washington, D.C.

E, desde a virada do milênio, estudantes interessados podem ter acesso às aulas ministradas pelas melhores universidades do mundo por meio de programas de educação a distância. Nos últimos anos, com a internet nos smartphones, essa democratização da informação, do conhecimento e da cultura representa uma legítima revolução, algo sem precedentes na história da educação.

> Mas, enquanto a sociedade está subindo para o novo mundo pelo elevador, os políticos estão indo pela escada. O efeito disso é que os representantes do povo estão conduzindo uma sociedade que não conhecem mais, com a qual não interagem como deveriam e que apresenta demandas que eles são incapazes de perceber.

Essa constatação parece indicar que as estruturas políticas estão à beira do caos. O que não é ruim. Caos não é uma bagunça; é apenas uma organização que não compreendemos. Essa é a definição de caos. O que está acontecendo agora na sociedade, que parece caótico, na verdade é apenas uma nova organização que ainda não foi compreendida.

Quando, de repente, um formigueiro muda de lugar, pode parecer uma ocorrência aleatória, mas existe uma razão que não está ao nosso alcance para entender. É uma situação que se apresenta. A isso se dá o nome de *fenômeno emergente*, algo conhecido em física, química e biologia e que traduz bem a movimentação social que ocorre a partir da disseminação em larga escala da informação.

Como estamos intensamente envolvidos nessa movimentação, temos dificuldade em entender os fenômenos sociais enquanto indivíduos. As transformações são rápidas e cada vez mais imprevisíveis. Inesperadas como as emergências.

VELOZ E FURIOSA

Na era pós-digital, a tecnologia virou lugar-comum e exige outro tipo de comportamento. São tempos em que a efemeridade dá as cartas e a agilidade é o mandamento número 1 da sobrevivência — não só de uma empresa, mas da carreira também.

DE BAIXO PARA CIMA

A tecnologia deu poder aos indivíduos e provocou uma revolução de baixo para cima — isso é uma característica importante do mundo pós-digital. O impacto de alguém que mora no interior do Piauí e tem um smartphone pode ser igual ou maior que o de uma pessoa que vive em uma metrópole como São Paulo ou Rio de Janeiro. O fato de que, com o toque de um botão, essa pessoa pode acessar a Biblioteca do Congresso dos Estados Unidos, em Washington D.C., mudou a relação das pessoas com o mundo e viabilizou a busca por igualdade de oportunidades. Todos têm acesso a tudo e a todos.

(EXTRA)ORDINÁRIO

No mundo pós-digital, o que era incomum se tornou comum; o que era fascinante, parte do dia a dia; o extraordinário, ordinário. Foi mais ou menos o que aconteceu com a eletricidade. No século XIX, Nikola Tesla e Thomas Edison brigavam pela supremacia da corrente alternada, defendida por Tesla, ou da corrente contínua, posição de Edison. A discussão estava na capa de todos os jornais da época, as pessoas acendiam a luz como se aquilo fosse um espetáculo. Dois séculos depois, a eletricidade se tornou banal a ponto de ninguém mais pensar nela — a não ser quando a luz acaba.

Com a tecnologia é a mesma coisa. Tecnologia só é tecnologia se nasceu depois de nós — se nasceu antes é *default*, padrão, item de série. Antes, eu comemorava quando ia a um restaurante com Wi-Fi. Hoje, se não tem, fico irritado. Antes, falava "vou entrar na internet", agora, fico conectado o tempo todo.

ETERNO ENQUANTO DURE

Outra característica marcante do mundo pós-digital é a efemeridade. Tudo se tornou efêmero: os relacionamentos, as marcas, as novidades — vivemos um encurtamento do que se chama de *latência cultural*. Latência é o período que decorre entre o tempo em que algo surge até alcançar um grande número de pessoas. Antes do gramofone, uma música levava cinco ou seis anos para se tornar conhecida porque as partituras passavam de mão em mão. Quando o gramofone surgiu, esse processo se acelerou; depois, veio o gravador, que encurtou ainda mais esse período de latência. Hoje, uma música faz sucesso e cai no esquecimento em semanas.

QUINZE SEGUNDOS DE FAMA

A efemeridade passou a fazer parte do jogo e as empresas ainda não estão preparadas para operar em um mundo assim. Elas têm estruturas extremamente hierárquicas, um processo decisório vagaroso — são lentas para um mundo cada vez mais rápido. Exatamente por conta dessa falta de agilidade está cada vez mais difícil para as grandes organizações competir com as pequenas. A efemeridade faz com que você tenha de entrar e sair em alta velocidade das coisas que surgem. É como entrar e sair de uma rodovia: você não pode fazer isso devagar, senão provoca um acidente.

Empresas que não entraram na velocidade certa em determinado segmento de mercado devem partir logo para o próximo, porque se forem cumprir etapas vão ficar mais atrasadas ainda. Vamos usar o exemplo de marcas fast-fashion como Zara, H&M e Forever 21. A fast-fashion é uma demonstração inequívoca do mundo efêmero. Antes, você tinha coleções outono/inverno e primavera/verão. Agora, as coleções são trocadas a cada quinzena. Isso exige mudanças na hierarquia, na organização, na logística — tudo tem de ser muito mais ágil. Resumindo: se você quiser viver e ter sucesso no mundo pós-digital, tem de agir de maneira efêmera para continuar perene. As empresas que tentarem atuar de forma perene vão se tornar efêmeras, vão desaparecer.

BOLICHE VERSUS FLIPERAMA

Uma empresa não morre por fazer alguma coisa errada; morre por fazer coisas certas durante tempo demais. Às vezes, uma empresa lança um produto de sucesso e acha que por causa disso tem muito tempo para explorá-lo. Não tem. Fazer coisas certas durante tempo demais significa lentidão em relação às mudanças que ocorrem ao redor. É preciso trabalhar de maneira efêmera. É preciso errar e errar, mudar, mudar e mudar até acertar. E, quando acertar, ter consciência de que isso também é efêmero, que o acerto vale para determinado momento do mundo, do público e que amanhã pode não ser mais assim.

Está tudo muito mais complexo, caótico. Até pouco tempo atrás, fazer propaganda era como jogar boliche: você tinha sua campanha, que era a bola, e os consumidores no fim da pista, os pinos. Cabia a você ter competência para fazer sua campanha derrubar o maior número possível de pinos. Esse jogo de boliche deixou de existir. Agora é fliperama, pinball: a bolinha bate e volta com outra velocidade quando você menos espera. Não há mais possibilidade de planejar e prever as coisas. Para continuar perene, é preciso atuar de maneira efêmera o tempo inteiro, e isso ainda é um desafio para muitas empresas.

MUDAR SEMPRE

Sabe aquele ditado que diz "não se mexe em time que está ganhando"? É preciso fazer o contrário hoje em dia. Na agência, temos um junior board, que reúne mensalmente crianças de 8 a 12 anos que nos ajudam a desenvolver ideias e conceitos. Alguns dias antes da reunião, elas recebem em casa o tema que discutiremos para trazer ideias sobre o assunto. Se nós, por exemplo, queremos falar sobre o que é viver em um condomínio, as crianças dizem como acham que deve ser um condomínio do futuro. Podem falar o que quiserem: "Queria escorregador em vez de escada", "Wi-Fi no playground" — tudo isso serve como um enorme volume de insights para nós.

UMA COISA SÓ

Não se pode mais pensar separadamente: a empresa tem de operar não só por meio da *big idea*, mas da *large idea*. Toda ideia tem de ser ampla o suficiente para abranger tudo. Às vezes, ela começa no mundo digital e vai para o analógico, e vice-versa. Criamos processos de comunicação, por vezes com ênfase em redes sociais, outras em mídia impressa ou com um misto de tudo. Isso também faz parte do conceito pós-digital. Até pouco tempo, você tinha de colocar sua mensagem nas mídias que existiam. Hoje, cria sua própria mídia, pode ter seu canal de rádio com podcast, seu jornal digital, o que quiser. E está surgindo uma nova tendência no mercado — falando sobre branding content agora — que é a chamada *private label media*, ou seja, marcas que estão criando sua própria mídia, revistas, produção de tutoriais no YouTube etc. Elas estão percebendo que não existe só a mídia paga, mas também a owned media, que é propriedade delas e vai agregar valor.

Não dá mais para separar rádio de televisão e de jornal; jornal de revista; revista de site; site de blog etc. Então, como pensamos ou concebemos comunicação hoje? Nesse momento, três grandes universos estão sendo geridos na área de comunicação. Você tem o universo da *paid media*, ou mídia paga, que é tudo o que um anunciante ou um cliente pode fazer, na qual paga para estar. Pode ser um comercial na televisão, um banner na internet, um outdoor na rua etc.

Depois, você tem o universo da *owned media*, em que o cliente é dono ou proprietário dessa mídia: o house organ dentro da empresa, o ponto de venda, o showroom, o site, a página no YouTube... tudo isso é owned media, coisas que a empresa gerencia e sobre as quais tem total controle, não só no que diz respeito à definição do formato, mas também do conteúdo. Depois, vem a *earned media*, a mídia que você ganha, que é fruto dos comentários das pessoas, às vezes em uma entrevista ou em um comentário sobre sua marca em uma rede social. Se você faz uma coletiva de imprensa, por exemplo, pode ser que consiga várias inserções em vários veículos. É algo que vem de graça, mas também é um processo sobre o qual não tem controle — às vezes saem coisas boas; às vezes, não.

Nesse sentido, a earned media ajuda a avaliar se você está no caminho certo. Hoje, é preciso basear a gestão da comunicação nesse tripé. Não importa mais se é digital ou analógico. Não separamos mais por ferramentas, mas analisamos o papel de cada mídia. A paid media é algo que ainda faço de maneira planejada, trabalho com decisões, eu diria, mensais. Na owned media, estou o tempo todo postando na minha rede, mudando a decoração da minha loja — é uma coisa que eu mudo com uma periodicidade, digamos, semanal. Já a earned media é preciso interagir 24 horas, 7 dias por semana, estar ligado o tempo todo no que estão falando sobre você.

A ORDEM DO CAOS

O mundo está mais caótico e isso dá a sensação de bagunça. Acontece que o caos é uma organização que não compreendemos, mas que existe. Na era da efemeridade, se você quiser mudar uma empresa, tem de ser de forma disruptiva, não dá tempo de mudar aos poucos. Hoje, qualquer empresa tem de pensar de maneira disruptiva se quiser acertar o passo com o resto do mundo.

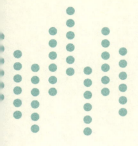

CONHEÇA TAMBÉM OUTROS TÍTULOS DO AUTOR

A cada dia, nossa interação social com os aspectos do mundo ao nosso redor se transforma irrestritamente. Não há limites para as mudanças em curso: estamos nos reinventando. Essas transformações não resultam do acaso. Vivemos um período de transição no qual consolidamos uma nova Era. Você está pronto para a Idade Mídia?

CONHEÇA TAMBÉM OUTROS TÍTULOS DO AUTOR

A era pós-digital veio para questionar as velhas certezas e deixar sistemas inteiros de pensamento corporativo do avesso. Mais do que aprender coisas novas, precisamos esquecer tudo o que sabemos.

ROTAPLAN
GRÁFICA E EDITORA LTDA
Rua Álvaro Seixas, 165
Engenho Novo - Rio de Janeiro
Tels.: (21) 2201-2089 / 8898
E-mail: rotaplanrio@gmail.com